丛书编委会

主　编：蒋永穆

委　员：张红伟　邓菊秋　王文甫　李航星

　　　　龚勤林　杨　艳　路　征　段海英

国家一流专业建设丛书·财经类

财政学课程思政
教学案例集

丛书主编◎蒋永穆

主　编◎段海英

四川大学出版社
SICHUAN UNIVERSITY PRESS

图书在版编目（CIP）数据

财政学课程思政教学案例集 / 段海英主编. — 成都：
四川大学出版社，2024.5
（国家一流专业建设丛书 / 蒋永穆主编. 财经类）
ISBN 978-7-5690-6810-8

Ⅰ. ①财… Ⅱ. ①段… Ⅲ. ①高等学校－思想政治教
育－教案（教育）－中国 Ⅳ. ① G641

中国国家版本馆 CIP 数据核字（2024）第 079860 号

书　　名：财政学课程思政教学案例集
　　　　　Caizhengxue Kecheng Sizheng Jiaoxue Anliji
主　　编：段海英
丛 书 名：国家一流专业建设丛书·财经类
丛书主编：蒋永穆

选题策划：梁　平
责任编辑：梁　平
责任校对：李　梅
装帧设计：墨创文化
责任印制：王　炜

出版发行：四川大学出版社有限责任公司
　　　　　地址：成都市一环路南一段 24 号（610065）
　　　　　电话：（028）85408311（发行部）、85400276（总编室）
　　　　　电子邮箱：scupress@vip.163.com
　　　　　网址：https://press.scu.edu.cn
印前制作：四川胜翔数码印务设计有限公司
印刷装订：成都市新都华兴印务有限公司

成品尺寸：170mm×240mm
印　　张：14.75
字　　数：281 千字

版　　次：2024 年 5 月 第 1 版
印　　次：2024 年 5 月 第 1 次印刷
定　　价：68.00 元

本社图书如有印装质量问题，请联系发行部调换

扫码获取数字资源

四川大学出版社
微信公众号

前　言

2020年5月，教育部印发《高等学校课程思政建设指导纲要》，要求高校全面推进课程思政建设，紧紧抓住教师队伍"主力军"、课程建设"主战场"、课堂教学"主渠道"，把社会主义核心价值观的要求、实现民族复兴的理想和责任融入课程教学中。2020年11月，教育部《新文科建设宣言》指出，文科教育是培养自信心、自豪感、自主性，产生影响力、感召力、塑造力，形成国家民族文化自觉的主战场主阵地主渠道。在新文科建设背景下，挖掘课程所蕴含的思政元素和承载的思政功能对于高校教师而言显得尤为紧迫和重要。

当今社会，相当数量的大学生正处在一个重要的成长阶段，他们面对多种价值观的冲突和交锋，加上自身经历浅薄、文化积淀不够、鉴别能力较弱，世界观、人生观、价值观还未稳定成型，因此必须加强对他们的思政教育。"财政学"课程内容具有显著思政特征，可以很好地落实立德树人根本任务，帮助学生树立正确的"三观"，培养能够践行社会主义核心价值观，掌握经济学的基本理论与方法，了解我国财经运行状况，具备综合运用专业知识分析和解决公共问题能力的应用型、复合型和创新创业型人才。囿于教材篇幅和授课课时的限制，学生能够从教材和课堂上获取的教学案例有限，特别是把知识传授、能力培养和价值引领有机统一的教学案例更是有限。教师对如何开展案例教学，特别是如何拓展案例中的思政元素也存在困惑。

2023年，编者在四川大学"财政学"课程思政教学实践和第八期、第九期校教改成果基础上，结合"财政学"课程教学团队的写作建议，组织了教师、助教等进行课程思政教学案例的撰写。每位作者对案例中的政治认同、家国情怀、文化素养、法治意识、道德修养、乡土乡情等思政元素进行不断打磨，力求做到专业教学目标和思政目标相融合，突出道路自信、理论自信、制度自信，激发学生公共意识、创新创造能力和社会责任感。每篇论文均由主编进行了审核和修改，保持风格统一并突出重点。

编者按照财政学知识体系和马克思主义理论研究和建设工程重点教材《公共财政概论》的教材内容将案例集分为财政职能、财政支出、财政收入、政府预算、财政体制、财政政策、国际财政七个专题，收录了 25 个教学案例。案例既有来自近期的热点话题，也有古时的税收趣闻；既有探讨社会公平的理性思考，又有预算管理流程再造的实操；既有扎根本土的创新性改革，还有放眼海外的大国担当。每个案例均含有案例简介和案例使用说明，在案例使用说明处特别突出了思政元素，并围绕这些元素提出教学设计和思考题，最后针对思考题展开深入解读，是任课教师开展案例教学和学生拓展学习的实用资料。

由于课程思政案例教学尚处于探索中，本书在案例中对思政元素的挖掘和分析难免存在不足，恳请读者提出宝贵意见和建议。

段海英

2024 年 3 月于四川大学望江校区荷花池

目　录

专题一

财政职能

案例 1－1
向左还是向右：智利社会福利改革之路

【案例简介】

一、三毛钱成为"压垮骆驼的最后一根稻草"

2019 年 10 月 18 日，智利首都圣地亚哥爆发了严重骚乱，起因是智利首都的地铁运营商决定将早晚高峰时期的地铁票价由 800 智利比索涨到 830 智利比索（涨幅约合人民币 0.3 元）。涨价的理由是"国际油价上涨""营运成本增加""线路扩建与设备更新"等。其实，就在一星期前政府才刚刚将电价上涨了 10%。智利经济部部长回应民众抱怨时称，人们可以早点儿起床去工作场所，以避免高价乘坐地铁，其态度更加剧了民众的怨愤。最初只是学生上街游行示威，警察开始强力逮捕与清场。随后是发生在地铁、公交站台等地方的智利民众（尤其底层民众）的打砸烧，人们以不同方式表达对票价上涨的不满，这些不满演变为对社会不公问题的暴力宣泄。伴随社会各界人士逐步卷入大规模游行示威之后，事态升级，政府动用军队恢复秩序。时任总统皮涅拉不得不恢复地铁票价，实施包括提高养老金、取消电费涨价在内的一揽子改革方案，以及采取总统在电视台道歉、重组内阁、同意重新制定智利宪法等一系列措施，才逐渐消除了这场自 1973 年以来智利最大的社会动荡和政治危机。

对地铁票上涨 30 比索进行抗议，看起来是人们厌倦生活成本的系统性增长后对政府的反抗，其实是智利多年社会矛盾积压并最终爆发的一个导火索，其背后的实质是智利较严重的收入分配不公和政府在公共服务领域的缺位。智利的基尼系数自 1987 年以来一直维持在 0.5～0.6 的水平，是南美地区收入差距最大的国家之一①。智利养老金、医疗、教育、电力、水等几乎所有重要的公共领域都私有化、市场化了，民众深受"昂贵的教育""低效的公共医疗""养老金危机""可怜的工资"等问题之苦，生活消费高得离谱。由于智利政府依赖矿业、林业、渔业和农业这四大支柱产业，2019 年以来国际铜价下跌导致智利经济不断走低，老百姓工资一直在缩水。而与此同时，政府不断提高地铁、电价和医疗等费用，地铁票价的上涨成了"压垮骆驼的最后一根稻草"。

二、"新自由主义"创造的"智利奇迹"

智利在 2013 年被世界银行视为高收入经济体，是实行"新自由主义"②的模范生。新自由主义对智利的影响，得从 1970 年的智利社会变革说起。

1970 年智利举行大选，左翼候选人阿连德获胜，开始大规模推行名为"智利之路"的改革：提高工资、进行土地改革、通过企业国有化为穷人提供工作机会并改善经济社会福利。但 1972 年智利的通胀急剧恶化至 140%，且表现得无法控制，社会动荡不安。1973 年，时任陆军总司令皮诺切特发动了军事政变接管了智利的权力，启用一批具有芝加哥学派背景的经济学家（史称"芝加哥男孩"），在智利进行了新自由主义实验。"芝加哥男孩"全面否定阿连德的改革路线，主张实行市场化的经济改革，采用休克疗法结束通胀并恢复经济，并且大幅削减政府开支。同时，他们将养老金体系、国有工业和银行进行了全面的私有化改革，降低部分税收，还废除了最低工资制，以及取消工会权利。这一系列新自由主义改革方案实施后，智利经济迅速恢复，快速达到了中等发达国家的水平，成为南美洲最富有的国家之一，这些成就被诺贝尔经济学奖得主、美国经济学家弗里德曼称为"智利奇迹"。但与此同时，智利的教育体系、水电供应、交通运输等全面落入权贵财团的掌控之中。

1990 年，智利军政府"还政于民"，开启了民主化进程，此后智利驶入高速发展轨道。1971 年智利人均国民收入仅为 1020 美元，属中等收入国家。2011 年智利人均固定收入达到 12350 美元，超过了世界银行规定的高收入国家下限标准③。2012 年，智利加入被人们称为富国俱乐部的经济合作与发展组织（OECD）后，经济继续稳健增长，被称为成功跨越"中等收入陷阱"的

---

① Castiglioni R，Kaltwasser C：Challenges to political representation in contemporary Chile. Journal of politics in Latin America，2016，8（3）：13.

② 新自由主义指的是以市场经济为导向的一系列理论。新自由主义者反对干预主义、贸易保护主义和民粹主义，认为这会妨碍个人自由。

③ 陈秀红：《智利如何跳出"中等收入陷阱"》，《学习时报》，2021 年 1 月 29 日第 2 版。

国家。

三、公共服务政府缺位带来的隐患

智利自从实行新自由主义以来，一直被誉为拉美最稳定、最繁荣的经济体之一。但经济的快速增长没有带来社会经济的高质量发展，增长带来的社会财富集中到了高收入阶层，底层民众的获得感轻微，基本工资涨得很慢，生活水平提高得也不快，分配不均日益严重，智利成为经济合作与发展组织成员国中分配最不平等的国家。

尽管智利一直在进行高等教育改革，但高等教育的私有化水平还是很高，学生接受教育的成本很高，阶层固化比较明显。

智利养老金的筹集模式采用完全基金制，实行私有制的强制储蓄以及指数化的年金制度。居民养老金领取数量与个人账户上的金额挂钩，只能定时定量领取。随着时间的推移，智利的养老金工资替代率降低。低收入智利人退休后，由于个人账户数额小，每月只能领取微薄的养老金，生活质量因此大幅下降。

在新自由主义理念的影响下，许多具有非竞争性和非排他性特点的公共物品或准公共物品由市场提供。政府甚至允许将河流与运河的水转变为私有财产，让少数人"垄断"经济增长的红利。这种政府在公共服务领域的缺位以及居民收入差距是当今智利社会中较大的阶层冲突和社会矛盾的来源，存在由个别议题引发较严重社会事件的风险。

近十年来智利的就业率始终在 55% 左右徘徊。在就业群体中，50% 的劳工没有足够的积蓄支付养老金；30% 的劳动合同为短期雇佣，平均有效期仅10 个月。就业期与失业期交替出现成为不少劳工的常态，这些人一旦失业，便距离贫困线仅一步之遥[①]。

经历新自由主义经济制度改革，智利成为一个高度私有化的经济体。从基建等公共设施建设，到基础教育以及高等教育，再到养老、医疗、社会福利，乃至智利的矿业和人民生活必需的水资源，都是深度私有化和市场化的，各项社会资源在私营经济巨头掌控下的供不应求引发了深重的社会危机，导致民众不满情绪逐渐累积，这是引爆这场骚乱的根本原因。

---

① 胡毓堃：《为疫情纾困三度预支养老金，智利正在拥抱"左翼民粹主义"？》，https://www.thepaper. cn/newsDetail_forward_12484903。

四、皮涅拉政府的应对之策

为平息骚乱，2019 年的皮涅拉政府提出建立新的补充性缴税段位，对每月收入超过 800 万比索的人群征收 40% 的税收，提高养老金水平，提高最低收入标准，建立用于支付不受现有卫生法例所覆盖的智利家庭药物的保险，降低药物的价格，建立稳定的电力价格机制并取消之前上涨电价的决定，降低议员及公共管理者的工资，让收入高的市政府缴纳更多的税收来帮助收入低的市政府进行基础设施的改善等政策建议。

皮涅拉是一个坚持新自由主义经济政策的右翼总统，他多次强调要避免陷入民粹主义，在增加社会福利、减少不平等方面采取措施时颇为谨慎。在提出这些缩小收入分配差距、稳定经济的改革方案之后，他承诺这些方案将在暴乱平息后一个个完成，并会反思他此前对问题的忽视。

历史的车轮无情地向前翻滚。皮涅拉还没来得及一一兑现这些改革目标，新冠疫情出现，民众就业及基本生活困难打了他一个措手不及。为增加个人收入，民众普遍支持养老金预支法案。据智利权威民调机构 CADEM 调查，87% 的受访者支持直接提取养老金的法案。智利国会于 2020 年 11 月和 12 月顺利通过了两部内容相似的预支法案。智利民众已经通过前两次预支，累计提取养老金金额达到 375 亿美元①。在总统皮涅拉看来，智利的养老金额度及保障水平已经足够低，经不起第三次养老金提前预支，对"用未来保障换取当下救急"的政策持反对态度。但在基本生活保障都成问题的情况下，普通人急需拿钱救急，顾不上理性思考几十年后的个人经济状况。2021 年第三部法案仍在国会表决中以超过五分之三的压倒性优势通过，皮涅拉只好签署法令同意养老金的第三次提前预支。养老金的提取金额原本就很低，经过几轮预支后，个人账户上的储备资金金额急剧下降，智利完全基金制的养老保险制度的可持续性受到挑战。

五、博里奇的理想与现实

时间来到了 2021 年 12 月，皮涅拉没有来得及兑现他的承诺，历史的接力棒就交给了智利下一任总统博里奇。

---

① 胡毓堃：《为疫情纾困三度预支养老金，智利正在拥抱"左翼民粹主义"？》，https://www.thepaper.cn/newsDetail_forward_12484903。

2021 年 12 月 19 日智利总统选举进行第二轮投票，"85 后"左翼①政党联盟"赞成尊严"候选人加夫列尔·博里奇当选智利史上最年轻总统。在竞选纲领中，博里奇称自己将"埋葬"智利的新自由主义经济政策，因为该政策是导致智利严重贫富不均的根源，提出加强国家干预和收入再分配的政治理念。博里奇胜选背后的深层原因是智利市场经济的发展成果并没有惠及广大中下层民众，经济的快速增长掩盖了智利社会阶层差距较大、社会福利基础薄弱等深层次结构性问题。当经济进入下行周期时，智利民众对社会不公的痛恨、对中右翼政府的失望及对改革求变的迫切愿望集中展现在投往博里奇的选票上。

博里奇曾任学生运动领袖和众议员，他代表着一种新型的拉丁左翼，既对长期存在的不平等问题保持敏锐，也关注气候变化、性别、性取向和土著权利等新问题，主张修改宪法，结束新自由主义，这些都拉近了他与年轻选民之间的距离。倡导环保和绿色转型的博里奇，表态要着手限制矿业这一国家支柱产业；承诺要提高劳工福利待遇，加强公共医疗、高等教育和私人养老金改革，并征收"超级富豪税"和"巨额财产税"，通过政府干预市场和再分配来构建"福利国家"；同时，他还主张保护妇女权益，支持权力适度下放。博里奇的施政理念引起社会一定的恐慌，毕竟智利经济与社会发展已长期依赖新自由主义的"涓滴效应"，即通过给富人减税、给予企业优惠改善整体经济，从而令普通民众受益，若结束新自由主义将会带来经济体制的颠覆性改革。

博里奇的政治理想建立在财政增收基础上。提高就业机会、改革养老金和公共卫生系统，离不开高额的财政支出。为获取更多的财政收入，博里奇对新自由主义"重拳出击"，增加税收和国有化矿产资源，但这可能挫伤企业投资与经营的信心。假如经济增长和财富累积的动力缺失，政府财政收入不如预期，为兑现对选民承诺，政府可能大力举债导致债台高筑，重蹈其他拉美国家的覆辙。

不过，博里奇取得了一些成功——一项提高智利关键采矿业特许权使用费的法律在经过向下调整后在 2023 年 7 月获得通过；从 2024 年起，智利将实施提高采矿权使用费的法律。采矿权使用费从 2023 年占营业利润率的 5％～14％提高到 8％～26％，盈利矿商还将缴纳基于销售额的 1％从价税。这项改革为

---

①　这里所说的"左"与"右"，只限于在资产阶级阵营内部区分的左翼与右翼，左翼政府是相对于积极推行新自由主义的右翼政府而言。通常情况下，右翼主张市场配置资源，推崇私有化、自由化、市场化、国际化等新自由主义经济政策；左翼则坚持国家干预资源配置。拉美国家执政力量总是在左翼与右翼之间往复摇摆。智利出现左翼回潮的局面，与选民有思变的心理不无关联，作为对局势不满的结果，希望出现新的政治交替便成为意料之中的事情。

政府增加收入进行社会福利改革提供了稳定的制度保障。此外，他实现了每周工作时间从 45 小时减少到 40 小时的改革，并提高了最低工资标准。

事实上，解决"钱从哪里来"的改革进程并不顺利。2023 年 3 月 8 日，智利国会下议院以 5 票之差否决了总统博里奇的税收改革提案。该提案包括调整所得税和财产税，收紧免税政策，打击偷逃税，以及增加税收激励支出。伴随这个否决决议，政府搁置把预期增加收入用于未来的养老和医疗体系的改革方案。此外，从其他事件中也能看到博里奇的改革受阻。2022 年 9 月的第一次宪法公投和 2023 年 5 月的第二次制宪大会代表选举，智利选民，特别是一些年龄偏大的选民更多站在政治右翼的立场上，反对了博里奇的提案。面对低支持率和在国会缺乏稳固的多数席位，博尔奇降低了自己的目标并削减立法数量。其施政纲领中大幅增加总体税收、大幅增加国家在医疗和养老金体系中的作用，以及锂矿企业国有化等提议，不得不进行重大修改，才能确保提案在温和派和保守派占据主导的国会获得通过。智利未来在公共服务领域的变革还有很大的变数。

可以肯定的是，不管改革向左还是向右，以可行方案在教育、医疗和养老金等领域成功推行改革并增加民众获得感和幸福感的政府，才能最终赢得智利民众的信任和支持。

【案例使用说明】

一、教学目标

（一）知识目标

（1）熟悉市场失灵的表现。

（2）理解财政的职能定位。

（3）掌握财政收入分配职能的内涵。

（二）能力目标

1. 培养学生的比较研究能力

通过案例分析引导学生理解博里奇当选总统后否定新自由主义的政治纲领为何能得到民众的支持。

2. 提高学生的解决问题能力

当前智利税制和社会保障制度改革的问题症结在哪里？如何化解？

（三）思政目标

（1）培养学生正确理解财政的职能定位以及"社会公平"。

2019年因地铁票涨价在智利首都爆发的骚乱，是智利多年社会矛盾爆发的表现，源头在于政府在公共服务领域的缺位，贫富悬殊、收入分配不公等。通过案例的学习，学生能够更好理解财政是国家治理的基础和重要支柱以及"公平"的内涵。

（2）鼓励学生形成批判思维。

智利民众在右翼的"新自由主义"和左翼的"加强国家干预和收入再分配"的政策主张中左右摇摆的根源是什么？

二、启发思考题

（1）在教育领域适合推行私有化吗？

（2）养老保险的"智利模式"有何问题？

（3）结合对政府职能的理解，请评论智利总统博里奇上任后推出的一系列财税改革方案。

三、教学设计

要求学生分成5～6人一组的团队，以团队方式完成以下任务。

（一）查询资料，了解智利养老保险模式的特点及现存问题

1980年，智利启动了养老保险制度改革，将原来的现收现付制彻底改为完全积累制，成立专门的养老金管理公司（AFPs）并为加入的成员建立专门的养老金账户。改革后的智利养老金第一支柱是针对贫困人口的、由政府负责兜底的最低养老保障计划，包括养老救济金和最低养老金保障计划。第二支柱则为强制储蓄的个人账户，雇主不需缴费，员工每月缴纳一定比例的费用即可，个人退休时的养老金领取额与个人缴费额直接相关。第三支柱的养老金为自愿性的个人储蓄计划。请学生查询资料，了解养老保险"智利模式"的利弊。

（二）组织小组讨论

分析思路：让学生通过分组讨论，从"促进社会公平""实现国家长治久安"两个角度理解财政是国家治理的基础和重要支柱。每组学生负责其中一个

专题，从智利的历史和现状来讨论财政的职能。

四、理论依据与具体分析

（一）理论依据

本案例分析需要使用市场失灵理论、马克思的公平观等。

1. 市场失灵理论

美国哈佛大学巴托（Bator，1958）教授发表的《市场失灵的解剖》一文，在英语学术界首次系统阐述了市场失灵理论，指出现实中存在着不完全信息、反对变革、税收成本、不确定、总需求异常等情况，会对市场机制有所影响，使得市场不能达到帕累托效率状态[①]。后来经过庇古、马歇尔、萨缪尔森、斯蒂格利兹等经济学家的不断补充和深化，市场失灵理论逐渐完善，为政府运用财政政策干预市场提供了理论依据。市场失灵可分为两种情形：一种是市场低效，指现实市场因不符合完全竞争假设条件，如垄断、公共物品、外部性和信息不对称，无法实现对资源的高效配置。另一种是市场无效，指即使现实市场符合完全竞争的所有条件，其运行结果也存在缺陷，如出现收入分配不公、宏观经济波动等现象[②]。

智利出现的公共物品供给不足、收入分配不公等现象，交由市场机制来解决不会取得较好的效果，因为会出现市场失灵现象进而导致社会矛盾加剧。

2. 马克思的公平观

马克思的公平观是以辩证唯物主义和历史唯物主义的基本立场和基本原则为出发点的，有以下重要观点：第一，公平是社会主义和共产主义的首要价值所在。第二，要实现真正意义上的平等，只有"消灭阶级"，消灭阶级差别。第三，在经济领域，公平表现为按劳分配。第四，公平是相对的，没有绝对的公平。第五，公平观是现存经济关系的反映，不同的经济关系会产生不同的公平观，公平观是会随着社会经济关系的发展变化而变化的。第六，要消除现实存在的社会不公平现象，应当重视对社会的普遍调节[③]。

智利2019年爆发的严重骚乱，导火索是地铁票涨价，但深层原因是智利较严重的收入分配不公和政府在公共服务领域的缺位。社会不公平严重影响了

①　李俊生、姚东旻：《财政学需要什么样的理论基础？——兼评市场失灵理论的"失灵"》，《经济研究》，2018年第9期，第21页。

②　《公共财政概论》编组组：《公共财政概论》，高等教育出版社，2019年，第33页。

③　《发展经济学》编写组：《发展经济学》，高等教育出版社，2019年，第107～108页。

中低收入阶层的消费能力和幸福度，且不公平的状况持续加剧，因而导致社会骚乱，解决该问题的方向是促进社会公平分配。

（二）具体分析

1. 在教育领域推行私有化存在的问题

教育服务存在一定市场失灵，在教育领域不适合推行私有化改革。

首先，不仅个人接受教育后会因为人力资本增值在劳动力市场获得更好的投资回报，社会也会因为接受教育者的教育利益外溢获得社会收益。教育是具有较强收益外溢性的混合产品，其外部性使教育服务的资源配置往往不足。在现代社会，几乎所有的政府在提供教育服务，特别是在基础教育服务中起到主导作用。其次，教育是社会价值容易被低估的优值品。由于个体主观评价偏低可能造成对教育的消费不足，一般需要政府采取低价或免费提供的政策。尤其是基础教育，各国政府往往采取免费提供的方式。最后，教育具有实现社会收入公平分配的功能。教育的平等主要体现在为公民的发展创造起点公平，这是私有化改革后市场所不能具有的功能。因此，政府积极发展教育事业，特别是发展基础教育，有助于实现社会收入分配的公平。

追溯智利历史，1973 年皮诺切特上台后，将公立中小学的管理权从教育部转移到市政府，实行分权化和市政化，推行教育市场化和产业化道路。改革之后，尽管智利实行 12 年小学和中学的义务教育制度，但半公半私和纯私立学校收取高额学费，只有少数公立中小学全免，而大多数学校只免学费，仍收取书本费。除了富人和中产阶级家庭，很多底层老百姓支付不起或不愿意支付所有的课本费。因为政府财力投入有限，相比私立学校，公立学校的运行资金有限，教学水平相当差。收入不平等造成的教育不平等现象导致富裕阶层接受教育的机会比底层老百姓高。

智利的高等教育系统也非常市场化。自推行新自由主义改革之后，政府不仅放松了对私立高等教育的监管，还试图通过发展私立高等教育满足社会对高等教育的需求。在财政上，由于政府对公立高等教育的补贴与优惠无法满足其需求，公立大学需要通过各种方式自筹资金以维持其运行，经费来源之一即为学生的学费。在智利的几百所大学中，只有智利大学等极少数大学是不分贵贱和贫富、平等接受所有学生就读的大学，其他学校都要收取高昂的学费。高额的学费导致学生的贷款不断增加，负债学生数不断激增。2019 年的地铁票涨价引发的示威游行中，学生的诉求就包括抗议政府对公立大学财政支持力度不够，反对把教育机构当成企业并按照企业的方式来经营。

智利学生运动和拉美私有化教育改革的经验教训表明，在教育领域政府应该确保机会公平，政府的作用是不可被市场机制替代的，更不能缺失。只有政府才能够宏观地制订长远教育发展计划，也只有政府才能够通过再分配手段减少社会和经济的不平等。教育私有化无法解决贫困学生和富裕学生之间的不平等，也无法满足低收入家庭学生获得高质量教育的需要。

2. 养老保险的"智利模式"存在的不足

受新自由主义影响，智利于 1981 年进行了养老金私有化改革，彻底抛弃了现收现付制，实行以低缴费、完全积累为特征的基本养老保险制度[①]。

1981 年的私有化改革使智利建立起了单一支柱的完全积累型个人账户养老金制度，虽然提高了管理效率，降低了政府负担，但也开始出现一系列难题。首先，由于积累的养老金制度完全体现"多缴多得、少缴少得、长缴多得"，没有横向的再分配机制，缺乏互济功能，不同收入、性别人群的养老金待遇差距悬殊[②]。例如，收入为社会平均工资的 200% 和 50% 的劳动者，所领取的养老金替代率分别为 74.7% 和 28.6%。特别是缴不起费的低收入群体没有养老金，导致了贫富差距扩大、贫困人口增加等社会问题[③]。其次，私人养老基金管理公司 AFPs 收取的佣金虽然名义上只有 0.3%，但是通过各种名目，其最终的管理费用可能达到劳动者缴费金额的 1/4～1/3[④]。这使得养老金的名义回报很高，但扣除这些相关费用后的收益微乎其微，没有真正实现养老金个人账户的保值增值。再次，参保人储蓄不足以及养老金待遇水平低。智利政府在养老金私有化之初宣称参保者可领取退休前薪资的 70%，但经济合作与发展组织的统计表明，2017 年智利的养老金工资替代率不到 40%，远低于经济合作与发展组织国家 58.7% 的平均水平；2018 年，智利民众可领取的养老金平均值，仅相当于当年最低工资的三分之一[⑤]。智利养老金制度还存在性别歧视和待遇不平等的问题。如智利的军人可以继续参加原来的现收现付制养老金，享受更高水平的待遇，造成了群体间的不公平。

① 中华人民共和国财政部政策研究室：《智利基本养老保险制度概况》，http://zys. mof. gov. cn/tszs/201601/t20160122 _ 1655120. htm。
② 房连泉、李清宜：《资源型主权养老基金的功能定位：兼论智利私营养老金制度改革》，《国际经济评论》，2019 年第 3 期，第 48 页。
③ 财政部政策研究室：《智利基本养老保险制度概况》，http://zys. mof. gov. cn/tszs/201601/t20160122 _ 1655120. htm。
④ 田辉：《智利养老金体系中的金融经济学》，《中国经济时报》，2019 年 11 月 11 日第 A05 版。
⑤ 胡毓堃：《为疫情纾困三度预支养老金，智利正在拥抱"左翼民粹主义"？》，https://www. thepaper. cn/newsDetail _ forward _ 12484903。

养老金问题的争议，已然迫使智利政府考虑放松其结构性平衡和相对严谨的财政政策。例如，受新冠疫情的影响，智利从 2020 年 11 月开始在 5 个月之内 3 次提高养老金预支力度。这一"用未来保障换取当下救急"的政策使得强制性个人账户养老金计划的可持续性受到威胁。

3. 对智利近年推出的一系列财税改革方案进行评论

（1）发挥收入分配职能提高居民福利。

在智利的经济资源和自然资源不断被市场化的背景下，智利社会贫富悬殊的问题缺乏有效的解决方案。垄断集团和大企业主的财富不断增加，"被边缘化"群体生活困难。智利的税收、社会保障体系没能充分发挥社会财富再分配功能，不能有效缩小各阶层社会成员之间的收入差距，公共服务领域的私有化也在很大程度上阻隔了社会流动，使整个国家社会阶层逐渐固化。

智利总统博里奇竞选时承诺要加强公共医疗、高等教育和私人养老金改革，并征收"超级富豪税"和"巨额财产税"，利用税收措施改善智利社会贫富差距过大和社会分化加重等问题，通过政府干预市场和再分配来构建"福利国家"。但博里奇提出的调整个人所得税和财产税、收紧免税政策、打击偷逃税及增加税收激励支出等提案未能在 2023 年 3 月顺利通过，说明虽然扩大社会福利是最能打动普通民众的改革方案，但知易行难，解决"钱从哪里来"是政府更为紧迫的任务。福利许诺需要依靠政治权力来打破自发市场秩序，对资源配置和利益分配结构进行人为调整。这样一来，政府必然倾向于加大对社会经济的宏观调控和赤字财政，进而打破基本的经济平衡，激发促进经济发展的长期目标与满足福利诉求的短期目标之间的矛盾。博里奇在推行社会福利制度改革时，需要开展财政可承受能力论证，在实现财政大体平衡财力允许的条件下渐进推出福利改革。只有先有效增加政府财政收入，才能渐进推出福利改革。

20 世纪 80 年代拉美各国的债务危机从根本上讲是没有解决好公平与效率的问题。拉美国家独立后凭借丰富的自然资源得以快速发展，但社会财富被不合理地消耗于福利政策，不能很好解决债务问题。政治家为了得到更多选票支持，在竞选时做出不切实际的承诺；上台后，通过扩大医疗、改善住房和教育、提升社会福利等财政手段进行社会收入的再分配以兑现承诺。若短时期经济总量没有显著增长，税收体制也没有改变，政府就只能依靠借债或增发货币维持改革成果，最终导致通货膨胀或经济危机的出现。保持福利理性增长，是博里奇政府推出改革时需要慎重考虑的因素。扩张福利政策，如果不能改变自由化、私有化的经济结构，就会大大限制福利政策的实施空间。博里奇政府在发挥财政收入分配职能提高居民福利水平方面，还需要运用更多的政治智慧。

（2）加大对矿产资源的收入调节，推行锂矿国有化。

智利铜矿和锂矿资源在全球占据优势地位，矿产资源开采和出口是该国的支柱产业，为福利政策的实施提供了物质基础。政府近年推出的一个改革措施是增加与国有资源收益相关的税收和非税收入。2023年5月，智利国会通过一项有关铜矿和锂矿开采的《矿业特许权使用费法案》，该法案对年产超过5万吨的矿企征收1%的从价税，并根据矿企营业利润率额外征收8%～26%的税；提高了年产超过8万吨的矿企最高缴税税率。此外，允许铜矿和锂矿部分开采盈利（约占总收益的三分之一）返还给大型采矿设施所在社区。该法案于2024年1月1日生效，预计每年将为国库带来约15亿美元收入，其中近4.5亿美元将分配给地方政府。该项改革措施是政府公平收入分配、增加中央和地方政府财政收入的有力举措，能有效推动财权下放，增加基层政府的自有财力。

除此之外，博里奇提出了锂矿国有化计划，以期通过政府适当运用资源配置职能达到帕累托效率。但锂矿国有化的利弊均非常明显。不少人担心政府权力深度介入市场从而损害矿企的积极性，影响智利的锂矿产品的产出量。此外，国有企业的低效率是世界各国普遍存在的问题，在自然垄断行业推出生产企业国有化改革，如何提高国企的生产效率和管理效能是改革能否成功的关键。不过，锂矿国有化可以丰裕国库、减少垄断，实现收入的合理分配，提供社会福利制度改革的物质保障，是一个安全又可行的改革方案。总体而言，政府需要在提高资源配置效率和促进社会公平方面做权衡，尽管该计划会遇到锂矿公司背后利益集团的阻挠，但从近年政府的一系列措施及效果来看，锂矿国有化的改革不仅必要，而且可行。

（段海英）

参考文献

［1］陈秀红. 智利如何跳出"中等收入陷阱"［N］. 学习时报，2021-01-29（2）.

［2］布拉沃. 智利多层次养老金的改革进程与最新动向［J］. 石琤，译. 社会保障评论，2018（7）：30-37.

［3］房连泉，李清宜. 资源型主权养老基金的功能定位：兼论智利私营养老金制度改革［J］. 国际经济评论，2019（3）：46-59.

［4］胡毓堃. 为疫情纾困三度预支养老金，智利正在拥抱"左翼民粹主义"？［EB/OL］.（2021-05-01）［2024-03-03］. https：//www. thepaper.

cn/newsDetail _ forward _ 12484903.

[5] 李俊生，姚东旻. 财政学需要什么样的理论基础？———兼评市场失灵理论的"失灵"[J]. 经济研究，2018（9）：20-36.

[6] 田辉. 智利养老金体系中的金融经济学［N］. 中国经济时报，2019-11-11（A05）.

[7] 袁利平，林琳. 智利是如何推进新公共教育改革的——基于智利四部教育法令文本的分析［J］. 比较教育研究，2022，58（10）：22-38.

[8] 张国军，李晓旭. "智利困境"新的轮回：左右翼福利民粹主义的交替及其生成逻辑［J］. 国外理论动态，2021，31（6）：149-159.

[9] 中华人民共和国财政部政策研究室. 智利基本养老保险制度概况［EB/OL］.（2015-05-15）［2024-03-04］. https：//zys. mof. gov. cn/tszs/201601/t20160122 _ 1655120. htm.

[10] Castiglioni R，Kaltwasser C. Challenges to political representation in contemporary Chile［J］. Journal of politics in Latin America，2016，8（3）：3-24.

案例 1-2
财政助力"一老一小" 托举民生幸福

【案例简介】

"一老一小"关系着老有所养、幼有所育，是家庭幸福和社会和谐的关键，是重大的民生问题。解决好"一老一小"问题，不仅有助于提高亿万家庭的获得感、幸福感，也对促进我国人口长期均衡发展具有重要意义。

在老有所养方面，政府通过划转部分国有资本充实社保基金成为促进养老可持续性的重要举措。2017年11月，国务院印发《划转部分国有资本充实社保基金实施方案》，明确将中央和地方国有及国有控股大中型企业、金融机构纳入划转范围，划转比例统一为企业国有股权的10%，以弥补因实施视同缴费年限政策形成的企业职工基本养老保险基金缺口。2018年，该政策首先在中国联通等3家中央管理企业、中国再保险等2家中央金融机构及浙江省和云南省开展试点。2019年9月，财政部等5部委联合印发通知，布置全面推开划转部分国有资本充实社保基金工作，并明确时间表。截至2020年末，符合条件的中央企业和中央金融机构划转工作全面完成，共划转93家中央企业和中央金融机构国有资本总额1.68万亿元①。2023年3月，人力资源和社会保障部部长在国务院新闻办公室举行的"权威部门话开局"系列主题新闻发布会上表示，划转部分国有资本充实社保基金工作已经完成。划转工作作为促进建立更加公平、更可持续的养老保险制度提供了有力保障，为养老金发放资金来源形成长远储备，充分体现了国有企业全民所有，发展成果全民共享。

近年来，我国促进生育的政策不断推出。在财税方面，增加3岁以下婴幼

---

① 曾金华：《中央层面划转部分国资充实社保基金完成 共划转国有资本总额 1.68 万亿元》，http://paper.ce.cn/jjrb/html/2021-01/13/node_3.htm。

儿照护的个人所得税专项附加扣除是我国有效落实优化生育政策和积极应对人口老龄化的重要举措，更是通过积极的财政政策释放生育能力、带动经济活力的重要体现。2022 年 3 月 28 日《国务院关于设立 3 岁以下婴幼儿照护个人所得税专项附加扣除的通知》发布，自 2022 年 1 月 1 日起，纳税人照护 3 岁以下婴幼儿子女的相关支出，按照每个婴幼儿每月 1000 元的标准定额扣除。父母可以选择由其中一方按扣除标准的 100% 扣除，也可以选择由双方分别按扣除标准的 50% 扣除，具体扣除方式在一个纳税年度内不能变更①。这一措施体现了国家对人民群众生育养育的鼓励和照顾，有利于减轻人民群众抚养子女负担。该项政策实施后，个人所得税专项附加扣除由六项变为七项，基本上考虑了纳税人不同阶段的负担情况。

2023 年 8 月 31 日，国务院发布通知，大幅度提高 3 岁以下婴幼儿照护、子女教育、赡养老人的个税专项附加扣除标准。3 岁以下婴幼儿照护专项附加扣除标准，由每个婴幼儿每月 1000 元提高到 2000 元；子女教育专项附加扣除标准，由每个子女每月 1000 元提高到 2000 元；赡养老人专项附加扣除标准，由每月 2000 元提高到 3000 元。减税政策再度加码，通过有针对性地减轻"上有老、下有小"纳税人群体税负，直接有效地增进民生福祉。

【案例使用说明】

一、教学目标

（一）知识目标
（1）理解并掌握财政的收入分配职能。
（2）理解并掌握财政的经济稳定与发展职能。

（二）能力目标
（1）从案例中总结归纳财政的职能，锻炼学生的总结归纳等能力。
（2）引导学生关注、了解自己家人和朋友的个人所得税缴纳情况和税收政策的知晓度，提高将课堂所学知识应用于解决实际问题的能力。

---

① 国务院：《国务院关于设立 3 岁以下婴幼儿照护个人所得税专项附加扣除的通知》，https://www.gov.cn/zhengce/zhengceku/2022-03/28/content_5682013.htm。

（3）通过对最新财政税收政策的介绍，引导学生关注财税领域的政策动向，增强学生对专业知识的关注度，提升职业素养。

（三）思政目标

（1）引导学生了解党和政府对于民生问题的关注，注重在经济社会发展中保障和改善民生。

（2）弘扬尊老爱幼的传统美德，促进和谐社会建设，助力学生的个人品德培养。

二、启发思考题

（1）划转部分国有资本充实社保基金的举措有什么作用？

（2）对个人所得税专项附加扣除政策的改革有什么经济效应？

（3）针对"一老一小"问题的改革措施体现出哪些财政职能？

（4）国家对于"一老一小"的重视体现了怎样的传统美德？

三、教学设计

（一）要求学生总结国有资本充实社保基金的中国特色

结合老龄化的现实背景，请学生通过查询资料总结出我国养老保险面临的现实问题，思考国有资本充实社保基金所具有的制度特色，感受社会主义财政制度的优越性。

（二）通过讨论得出个人所得税改革的政策效应

专项附加扣除项目的增加能够减轻居民个人的税收负担，增加收入，从而能够将其用于提高子女养育开支。

（三）实施翻转课堂，认识财政职能

布置课下学习任务，要求学生掌握财政职能的定义。在课堂上让学生讲解以上教学案例中能够体现出的财政职能的改革要点，通过学生相互启发，加深学生对于财政职能的理解。

（四）延展思考

通过国家层面对于"一老一小"的重视，请学生思考自己应该怎么做，引导学生自主培养尊老爱幼的美德。

具体教学设计如表1所示。

表1　案例1-2的具体教学设计

课程设计	学习内容	学生活动	学习目标
案例引入与分析	学生阅读案例，了解主要内容并分组讨论案例中的政策举措有哪些作用	分析材料，分组讨论，进行发言	提高学生的分析问题能力与团结合作能力；通过作用分析，感受党和政府对于民生问题的关注
	通过以上作用的分析，请学生总结归纳财政的职能	总结归纳，发言	提高学生的总结归纳能力
专业知识讲解	对学生的回答进行点评和补充，进一步解释其背后的经济学逻辑以及专业知识点，包括社保基金筹资模式、税收的经济效应以及财政职能等专业知识	在课堂学习专业知识	掌握经济学逻辑与基础专业知识
思政培养	引导学生运用坚持问题导向、坚持守正创新的方法论学习政府化解改革困难的政治智慧	在教师引导下学习、思考、感受	通过案例分析，强化学生的创新能力和制度自信

四、基本概念与具体分析

（一）基本概念

1. 社会保险基金筹资模式

社会保险基金主要是为实施社会保险制度而建立起来的强制性、非营利性和储备性的法定经费。社会保险基金筹资渠道众多，社会保险筹资模式主要受到社会保险项目的支出特点、人口年龄结构变化趋势以及基金筹集方式对储蓄和投资的影响等因素的影响。现有的社会保险基金筹集模式主要分为以下三种：

（1）现收现付制（pay-as-you-go system）：指当期的缴费收入全部用于支付当期的社会保险资金开支，不留或只留很少的储备基金。

（2）完全基金制（fully funded system）：指当期缴费收入全部为当期缴费的受保人建立个人储备基金，满足未来向全部受保人支付保险金的资金需要。

（3）部分基金制（partially funded system）：又称部分积累制，是介于现收现付制和完全基金制之间的筹集模式，指当期缴费一部分用于支付当期的社会保险开支，一部分用于为受保险人建立储备基金。

我国从20世纪90年代起在企业实行养老保险制度，采用的是部分基金制。对于在社保制度建立之前的在职职工连续工龄视同缴费年限处理，并在计算养老待遇时予以体现。这意味着制度建立前的企业已经离退休人员，不需缴纳养老保险费；已参加工作的人员，制度建立前的连续工龄作为视同缴费年限，与实际缴费年限合并计发基本养老金。视同缴费年限等制度安排，导致企业职工基本养老保险基金存在一定缺口，是形成养老保险基金收支缺口的重要原因。

2. 税收的收入效应

税收的收入效应是指，由于政府征税改变了纳税人可自由支配的收入水平，从而对纳税人经济行为的选择产生的影响[①]。税收的收入效应，相当于征税将纳税人的一部分收入转移到政府手中，纳税人的收入下降并改变了纳税人的相对所得状况。例如，个人所得税是对个人（自然人）取得的各项应税所得征收的一种税，其征税结果必然是降低劳动者的实际工资率或净收入。

政府通过增加个人所得税专项附加扣除项目，以及提高部分专项附加扣除标准，通过减税而增加纳税人可支配收入，产生较强的收入效应，有利于有效解决"一老一小"问题。

3. 财政的职能

财政职能包括资源配置职能、收入分配职能以及经济稳定与发展职能。其中财政的资源配置职能是由政府介入或干预资源配置所产生的，其特点和作用就是通过财政本身的收支活动为政府提供公共物品提供财力，在一定程度上纠正外部性，引导资源流向，弥补市场失灵，最终实现全社会资源配置的最优效率。财政的收入分配职能就是财政运用多种方式，参与国民收入的分配和调节，以期达到收入分配的公平和正义状态。财政的经济稳定与发展职能是通过运用多种财政手段，有意识地影响和调控经济，以实现经济的稳定和发展。党的十八届三中全会后，以往作为经济范畴的财政，已经从经济领域延伸到政治、文化、社会、生态文明和党的建设各个领域，上升至国家治理层面。

我国个人所得税专项附加扣除标准的调整能够更好地促进社会公平、实现国家长治久安，充分发挥财政作为国家治理基础和重要支柱的作用。

---

① 万莹：《税收经济学（第二版）》，复旦大学出版社，2021年，第304页。

（二）具体分析

1. 划转部分国有资本充实社保基金的作用

（1）促进社保可持续。

目前我国养老保险的资金主要来源于现在工作的年轻一代，在较大的养老压力下，基本养老保险基金缺口实际就可能转移给下一代人，不利于基本养老保险制度的代际公平。划转部分国有资本充实社保基金，有利于弥补因历史欠账带来的社保基金缺口，有利于保障和改善民生，促进社保的可持续发展。

（2）弥补养老资金缺口，缓解养老压力。

在老龄化的现实背景下，我国面临较大的养老压力，通过划转国有资本充实社保基金，充分体现代际公平和国有企业发展成果全民共享，有利于弥补养老保险基金资金缺口，为养老金提供持续稳定的资金来源，增强社保可持续性，缓解养老压力，实现老有所养的目标。

（3）促进社会和谐稳定。

从社会保障的定义可知，社会保障为社会成员提供一系列基本生活保障，满足公民的基本生活需要，有利于防范和化解各种社会风险，保障社会安全。养老是影响人民群众切身利益的重要民生项目，事关社会和谐稳定。划转部分国有资本充实社保基金，弥补养老资金缺口，有利于提高老年人的生活保障，进而创造和谐、稳定、安全的社会氛围，更好地缓解社会矛盾，维护社会稳定，助力和谐社会建设。

2. 个人所得税专项附加扣除改革的政策效应

（1）降低居民的个人所得税负担，增加个人的可支配收入。

2022年、2023年的个人所得税专项附加扣除政策调整后，个人所得税专项附加扣除由原来的六项增加为七项，相关扣除标准有所提高。增加个人所得税的专项扣除就是为纳税人的税负做减法，会减少个人的应纳税所得额，无论是税率不变还是适用更低税率都会减少居民需要缴纳的个人所得税，降低居民的个人所得税负担，从而在其他条件不变的情况下增加居民个人的可支配收入。当然，减税除了会对纳税人产生收入效应增加消费支出以外，也可能会对劳动力供给、家庭储蓄行为等产生税收效应，因个人对劳动、闲暇、储蓄的偏好不同而有差异，此处不做详细阐述。

（2）减轻人民群众抚养子女的负担。

专项附加扣除增加了针对纳税人3岁以下婴幼儿子女照护的减免，有利于减轻人民群众抚养子女负担，更好地落实国家生育政策。

（3）促进人口长期均衡发展，推动高质量发展。

3 岁以下婴幼儿照护个税专项附加扣除政策体现出国家鼓励生育的政策导向，有利于释放生育能力，同时也能够积极应对人口老龄化，缓解我国人口老龄化日益严峻状况，更好地保障和改善民生。

3. 针对"一老一小"问题的改革措施体现出的财政职能

（1）体现了收入分配职能。

政府介入社会保障，通过改革完善社会保障制度，可以保护公民基本生活权利，提供个体评价低于社会评价的优值品，消除保险市场上的逆向选择，调节收入分配，增进社会福祉，缩小贫富差距。而个人所得税的改革也能够通过调节个人的劳动收入，在一定程度上缩小收入差距。

（2）体现了经济稳定与发展职能。

在当前经济下行压力加大的背景下，专项扣除项目的增加和与"一老一小"有关的个人所得税扣除费用标准的提高，能降低个人和家庭的税收负担。居民可支配收入增加了，就会更加敢消费、能消费，从而释放出消费潜力，有效拉动内需，增强经济发展动能。因此相关个税改革的实质是通过积极的财政政策实现逆经济风向调节，促进居民消费，维护宏观经济稳定。与此同时，通过发放个税"红包"，在保障和改善民生的同时可以减轻家庭抚养赡养负担，更好实现幼有所育、老有所养，促进社会和谐，实现经济高质量发展。

4. 国家对于"一老一小"的政策体现的传统美德

相关财政政策能够弘扬尊老爱幼的传统美德。"老吾老，以及人之老；幼吾幼，以及人之幼"是中华民族的优良传统。抚养子女、赡养老人是公民的义务，无论是划转国有资本充实社保基金还是增加 3 岁以下婴幼儿照护专项扣除，都是对"尊老爱幼"的强化和引导，有利于在全社会形成良好社会风尚。在国家、社会和个人的努力下，实现幼有所育，老有所养，进而实现更高水平的幼有善育，老有颐养。对于学生而言，可引导学生将尊老敬老，护幼爱幼根植于心，以实际行动将尊老爱幼落到实处。

（李敬业）

参考文献

[1]《公共财政概论》编写组. 公共财政概论 [M]. 北京：高等教育出版社，2019.

[2] 毕天云. 建设立体化的多层次社会保障体系 [J]. 学术探索，2023（4）：121－127.

［3］陈建东，谢巧俐. 子女教育及 3 岁以下婴幼儿照护个人所得税专项附加扣除研析 ［J］. 税务研究，2022（10）：43－48.

［4］孔涵，刘明慧. 3 岁以下婴幼儿照护个人所得税专项附加扣除的收入再分配效应研究 ［J］. 地方财政研究，2023（1）：68－77.

［5］刘永恒. 全面划转工作步伐加快　确保亿万人民"老有所养"［J］. 中国财政. 2019（21）：8－11.

［6］苏春红，耿嫚嫚，李真. 养老保险省级统筹对养老保险基金平衡的影响研究 ［J］. 南方经济，2024（1）：22－38.

［7］孙韶华. 婴幼儿照护费用纳入个税专项附加扣除 ［N］. 经济参考报，2022－03－29（2）.

［8］吴燕. 婴幼儿照护个人所得税专项附加扣除效应研究 ［J］. 税收经济研究，2022，27（5）：29－38.

［9］赵白执南. 3 岁以下婴幼儿照护个税专项附加扣除政策出台 ［N］. 中国证券报，2022－03－29（A01）.

案例 1-3
建设"未来社区"　实现共同富裕

【案例简介】

2018 年，浙江省人民政府发布的《浙江省大湾区建设行动计划》首次提出了"未来社区"的概念，提到要"开展未来社区示范工程建设，探索规划建设一批生活便利、密度合理、交通便捷、智慧互联、绿色低碳的未来社区"[①]。"未来社区"的建设主要有两个方面的内容：一是针对老旧小区进行改造升级，二是进行高级形态的新兴社区规划建设。通过这两个方面的持续推进，解决快速城市化进程引发的社会问题，助力浙江省建设共同富裕示范区，在我国实现共同富裕的伟大历史进程中更好地发挥榜样力量。

2020 年，浙江省文化和旅游厅、浙江省发展和改革委员会发布了《高质量打造未来社区公共文化空间的实施意见》，该意见涵盖了建设"未来社区"文化空间的总体要求、空间形式、建设要求、管理运行和保障措施等五个方面，并且提出在 2022 年底之前打造出具有浙江特色的城市公共文化服务样本。

2021 年，《中共中央　国务院关于支持浙江高质量发展建设共同富裕示范区的意见》发布，共同富裕示范区在浙江落地实施，而"未来社区"是浙江省首批共同富裕现代化的基本单元。根据浙江省人民政府官网的解释，"未来社区"是以人为核心的城市现代化、高质量发展、高品质生活的新平台，是"让老百姓幸福"的新平台。在不断求索的过程中，浙江省从顶层设计出发探寻底层逻辑，形成了独具特色的"139"设计方案："1"是 1 个中心，即以人民对生活的美好向往为中心；"3"是 3 大价值坐标，即人本化、生态化和数字化；"9"是 9 大未来场景，即邻里、教育、健康、创业、建筑、交通、低碳、服务

---

① 浙江省人民政府：《浙江省大湾区建设行动计划》，2018 年。

和治理。

笔者将"139"设计方案以思维导图形式呈现，如图1所示。

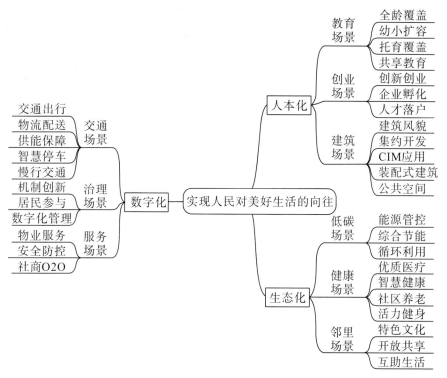

图1 浙江省"未来社区""139"设计方案思维导图

资料来源：笔者根据文件自行绘制。

浙江省"未来社区"的建设蓝图越来越清晰。2023年1月19日，浙江省人民政府办公厅印发《关于全域推进未来社区建设的指导意见》（本文以下简称《意见》），明确到2035年，基本实现"未来社区"全域覆盖。"未来社区"建设最突出的特点就是融合贯通。"未来社区"是一种高度集中化的社会共同体，强调共同治理、共同享有，从而达到共同富裕的目的。

"未来社区"建设有利于促进资源配置均衡，保障社区内部公民享有平等的医疗、文化、社会服务等公共资源，进一步缩小城乡差距。《意见》提出要开展公共服务补短板行动，比如鼓励国有企事业单位将闲置房产提供给社区使用；推动企事业单位向社区开放教育、文体等活动设施和停车场地，实现错时共享、资源利用最大化。例如义乌鸡鸣山社区打造未来社区时提出聚焦切身需求，打造"一老一小"友好服务圈，完善社区内亲子驿站、老年幸福食堂、智慧健康站、残疾人服务站等微网格活动空间，为居民提供幼儿托育、公益课程、老年就餐、医疗健康、就业支持等全周期多元化服务，真正实现"老有所养，幼有所依"。

"未来社区"的运营模式和资金来源具有地方特色，值得推广。当地不少社区探索"公益＋微盈利""未来社区"合伙人运营模式，开展市场化、多渠道的居民增值服务，形成"模式可复制、成本可控制"的"未来社区"长效建设之路。具体来说，就是通过建立"政府主导—无偿/低价使用公共空间—经营收益回馈"的模式，由政府先期提供一定补助，第三方合作机构获取社区提供的低价公共空间的使用权，以"普惠＋抵偿"等商业模式分级运营，推动文化体育、教育培训、社会自治等多元类型活动的项目化运行，并通过提供物业增值、社区商城等服务，提高服务营业收入。

【案例使用说明】

一、教学目标

（一）知识目标

（1）掌握政府职能的内涵、必要性及其实现手段。

（2）理解实现共同富裕目标的多种路径。

（二）能力目标

（1）培养学生系统思维能力。

"未来社区"是在1个中心、3大价值坐标和9大未来场景的框架下搭建起来的，是涉及人们教育、医疗、养老、文化等多方面的功能综合体，这就要求我们在整体与部分、内部与环境的相互作用过程中把握政府规划方向，政府投资的项目应着眼全局并以整体利益为重。

（2）锻炼学生创新思维能力。

我国生育率下降和人口老龄化进程加快，"一老一小"问题成为突出的社会问题。"未来社区"建设创新性地将诸多问题糅合在一起解决，促进经济增长并增强居民的幸福感和获得感，实现共同富裕，有助于更好地实现社会主义建设的战略目标。

（三）思政目标

习近平总书记在庆祝中国共产党成立100周年大会上的重要讲话中指出：

"马克思主义是我们立党立国的根本指导思想，是我们党的灵魂和旗帜。"① 共同富裕思想是马克思主义的重要组成部分，通过对共同富裕思想最新实践——浙江省"未来社区"建设的学习，可以深刻认识到新中国成立以来，中国共产党人结合时代发展，立足中国实际，与时俱进地推进马克思主义共同富裕思想在中国的具体实践，不断丰富马克思主义共同富裕思想的逻辑内涵，不断拓宽马克思主义共同富裕思想的实践路径。学习以上内容，可以增强学生对以人民为中心的发展思想的深刻认识和强烈认同。

二、启发思考题

（1）"未来社区"建设是如何体现出共同富裕思想的？

（2）为什么"未来社区"建设由政府牵头和投资，而社会私人资本不能够独立投资？

（3）请结合案例以及查找相关资料谈谈目前的"未来社区"建设还存在哪些问题，你对此有什么建议。

三、教学设计

（一）讨论"未来社区"建设中体现了哪些实现"共同富裕"的措施

（1）分析思路：本课程旨在通过讨论"未来社区"建设中政府投资及提供公共服务的具体做法，引导学生深入了解共同富裕思想在新时代的实践体现。通过分析相关案例和政策文件，运用小组讨论等教学方法，提高学生对共同富裕思想的认识和理解。

（2）教师讲解：介绍共同富裕思想的核心要义以及实现共同富裕的财税制度框架。通过教学互动并由教师答疑解惑，学生可巩固对共同富裕思想的理解。

（3）分组讨论：通过讨论政府投资"未来社区"建设的方式和目的，加深学生对共同富裕思想的认识。

（二）讨论"未来社区"建设的政府"有为"与"不为"

（1）分析思路：了解公共服务领域中的基本公共服务、普惠性非基本公共服务与高品质生活服务的区别。了解政府应提供的基本公共服务的内容，以及

---

① 习近平：《在庆祝中国共产党成立100周年大会上的讲话》，人民出版社，2021年，第12页。

在"未来社区"建设中政府承担"有为"责任的范围和提供的公共物品内容。理解在部分投资领域和高品质生活服务业中，需要政府有所"不为"。政府要在保证市场发挥决定性作用的前提下，解决市场管不了或管不好的问题。"未来社区"的建设具有公益性质，涉及的职能部门和社会领域诸多，社会私人资本无法做到统筹规划，也因为资金需求量大、投资回收期长而不能或不愿投资。在这种市场不能有效发挥作用的条件下，政府应当主动作为。

（2）教师讲解：介绍政府投资和社会私人资本投资的区别和优缺点，介绍基本公共服务、普惠性非基本公共服务和高品质生活服务业的区别。

（3）分组讨论：通过讨论政府在"未来社区"建设中所扮演的角色，利用政府介入"未来社区"建设的理论依据和方式选择，探讨社会私人资本不能也不会独立进行"未来社区"建设的原因。

（4）答疑解惑：针对学生提出的问题进行解答，巩固学生对政府职能的认识。

（三）探讨"未来社区"建设存在的问题

（1）分析思路：讨论目前"未来社区"建设存在的问题，加深学生对"未来社区"建设的认识和理解，引导学生思考如何解决"未来社区"建设中存在的问题，将所学知识运用于指导实践。

（2）小组讨论：首先让学生凭借已学知识推断猜测"未来社区"建设中可能存在的问题，然后通过上网查找资料等方式确认自己的推测是否属实，讨论解决"未来社区"建设中存在的问题，比如投资资金缺乏、社区管理不规范和社区运行成本分摊机制不完善等。

（3）案例分析：对"未来社区"建设中存在问题的案例进行分析，了解已有的解决问题的方法和策略，并对其进行评价，最后在此基础上提出自己的建议和解决方案。

（4）总结：教师整合学生的建议和解决方案，进行总结。

四、理论依据与具体分析

（一）理论依据

1. 以人民为中心的发展思想

党的十八届五中全会通过的《中共中央关于制定国民经济和社会发展第十三个五年规划的建议》，把坚持人民主体地位作为必须遵循的指导原则，强调必须坚持以人民为中心的发展思想，把增进人民福祉、促进人的全面发展作为发展的出发点和落脚点。"未来社区"的建设体现了以人为本的原则，以满足人民对美好生活的向往为目标，对个人自由而全面的发展提供支撑和保障，是以人民为中心的发展思想的具体运用。

2. 市场失灵理论

市场失灵是指市场不能有效率地配置资源的情形，具体内容见案例1—1。"未来社区"建设项目涵盖了人民生活保障的多个方面，提供的公共服务具有公共性、非营利性等特点，具有很强的社会效益。而且初期投资巨大且回收周期长，社会私人资本不愿意进入。政府通过行政手段的综合运用，运用政府直接投资和补贴等手段主导"未来社区"建设过程，引导社会私人资本有序进入社区建设，可以较好地增进人民福祉，改善人民居住环境。

（二）具体分析

1. 政府投资"未来社区"建设体现出的共同富裕思想

（1）实现城乡均衡发展。

政府投资"未来社区"建设可以促进城乡一体化发展，缩小城乡发展差距，增强城乡居民的互动和交流，有利于提升城乡居民的生活品质。

（2）推进社会公平正义。

政府投资"未来社区"建设可以改善基础设施和公共服务设施的状况，提高公共服务水平，加强社区管理和治理，提高社区居民的生活安全感和幸福感。同时，政府投资"未来社区"建设也可减少一些社会困难群体的消费支出，有利于缩小居民收入差距。

（3）实现自然环境与经济的协同发展。

政府投资"未来社区"建设可以实现环境保护和可持续发展，加强社区与城市的联动，带动经济发展，提高社区经济水平，从而实现自然环境与经济的协同发展。

总之，政府投资"未来社区"建设可以使人们共享优质的生活环境和公共服务，让更多的人受益于社会经济发展。这符合共同富裕的理念，即公共财富应该合理分配、让更多人分享。

2. 不能够依靠社会私人资本独立进行"未来社区"建设的原因

政府承担着公共事务和社会管理的责任，具有社会公信力，可以为"未来社区"建设进行规划并提供更加全面和长期的保障。社会私人资本存在盈利需求和市场规则的限制，不适合承担大规模社区的建设责任。"未来社区"建设需要大量的长期资金和专业化技术支持，面临的投资风险较大，社会私人资本无法独立承担社区建设任务。因此,"未来社区"建设需要整合各方面的资源和力量,需要政府通过政策调控和规范引导,协调各方面的利益,促进合作共赢。

3. 目前"未来社区"建设存在的问题及对策

(1) 目前"未来社区"建设仍然存在的问题。

①一些"未来社区"的前期规划和定位不清晰,设施不完善或配套不足,无法充分满足居民的需求。一些"未来社区"项目没有明确的目标和规划,缺乏明确的市场需求和定位。

②一些"未来社区"建设基本停留在"硬件"建设方面,有一些建设项目仅是对老旧小区的改造升级,缺乏先进的技术和创新思路,缺乏对数字技术的深入应用。

(2) 多措并举促进"未来社区"建设高质量发展。

针对这些问题,建议加强前期调研,明确市场需求和发展方向,制定合理的规划和定位;提高社会各界的参与度和共识,推动各利益方协同发展和资源共享,有效提高社区治理和发展水平;加强社会参与和民主管理,促进社区自治,提高社区居民的独立性和参与度;借鉴国内外经验,加强对先进技术和数字技术的应用,推动社区建设的数字化和智能化。

(杨帅军)

参考文献

[1] 曾智洪,陈煜超,朱铭洁. 城市未来社区智慧治理面临的五大挑战及其超越 [J]. 杭州师范大学学报(社会科学版),2020,42 (4):130-136.

[2] 李俊,金华. 以高质量的财政管理保障公共服务优质共享 [J]. 中国财政,2021,66 (21):20-22.

[3] 柳永华,周旭,张君. 关于完善未来社区建设的思考 [J]. 中国市政工程,2023 (1):1-3+88.

[4] 卢锐,赵栋,黄琴诗. 浙江未来社区场景化更新策略及实践 [J]. 规划师,2022,38 (11):65-71.

[5] 孟刚. 未来社区建设的时代背景和浙江追求 [J]. 浙江经济,2019 (7):8-11.

[6] 田毅鹏. "未来社区"建设的几个理论问题 [J]. 社会科学研究,2020,42 (2):8-15.

[7] 汪欢欢,姚南. 未来社区:社区建设的未来图景 [J]. 宏观经济管理,

2020，36（1）：22—27.

[8] 杨琼. 政府购买服务绩效管理促进共同富裕的路径探讨 [J]. 经济研究参考，2022，44（9）：54—63.

[9] 邹永华，陈紫微. 未来社区建设的理论探索 [J]. 治理研究，2021，37（3）：95—103.

案例 1-4
力促绿色低碳发展　展现大国担当

【案例简介】

　　财政部持续推进我国绿色低碳发展。2021年8月，财政部网站公布《财政部对十三届全国人大四次会议第2284号建议的答复》，对关于尽快设立应对气候变化中央财政专项资金的建议答复称，财政部将通过多项资金支持政策积极应对气候变化相关工作，包括对光伏、风电等发电上网按发电量和固定电价给予补贴，通过新能源汽车购置补贴和免征购置税等方式支持我国绿色低碳发展等。

　　财政部现有资金政策已基本覆盖建议中提及的资金重点支持方向：一是为支持可再生能源发电规模化应用，按照《中华人民共和国可再生能源法》，中央财政对光伏、风电等发电上网按发电量和固定电价给予补贴。二是通过新能源汽车购置补贴和免征购置税、充电桩基础设施奖励、新能源公交车运营补贴等方式，支持我国新能源汽车产业发展。三是支持既有居住建筑节能改造、可再生能源建筑应用、公共建筑节能等。四是支持设定工业节能标准、做好节能监察等工作。五是支持钢铁、煤炭行业化解过剩产能，不断淘汰高能耗的落后产能，释放先进产能。六是通过大气污染防治资金，重点支持北方地区冬季清洁取暖、重点区域燃煤锅炉及工业窑炉治理、挥发性有机物治理、氢氟碳化物销毁处置等，在减少大气污染物的同时，二氧化碳等温室气体也得到减排。七是通过林业草原转移支付资金，进一步促进提升森林、湿地、草原碳汇能力。八是通过相关部门预算资金，支持提升应对气候变化基础能力建设等。

　　2022年5月，财政部印发了《关于财政支持做好碳达峰碳中和工作的指导意见》，提出支持六大重点发展方向和领域：支持构建清洁低碳安全高效的能源体系、支持重点行业领域绿色低碳转型、支持绿色低碳科技创新和基础能力建设、支持绿色低碳生活和资源节约利用、支持碳汇能力巩固提升和支持完善绿色低碳市场体系。采用的财政政策措施分为强化财政资金支持引导作用、健全市场化多元化投入机制、发挥税收政策激励约束作用、完善政府绿色采购政策、加强应对气候变化国际合作等五大方面①。

【案例使用说明】

一、教学目标

（一）知识目标

掌握常见的市场失灵内容。本案例中环境污染的负外部性就是一种常见的市场失灵，需要政府干预进行宏观调控，借这个案例学生可以更好地理解市场和政府的区别。

（二）能力目标

学生通过了解学习我国财政部对促进绿色低碳发展制定的具体的相关财税政策，能够增强理论联系实际的能力。从解决市场失灵这一理论问题出发，学习我国政府具体实际政策，有利于培养学生理论联系实际，解决现实经济问题的能力。

（三）思政目标

一方面可以培养学生形成资源节约和环境保护的意识，体会能源对我们生活的重要性和能源的紧缺性，对新能源的相关补助政策不仅能够节约资源，更能保护我国的生态环境，促进我国绿色发展；另一方面，碳达峰碳中和的提出，是中国主动承担国际义务的表现，体现了中国的大国担当，能增强学生的民族自豪感。

二、启发思考题

（1）了解常见的市场失灵种类，分析本案例中的环境污染是否属于市场失灵，并思考解决方式。

---

① 财政部：《关于印发〈财政支持做好碳达峰碳中和工作的意见〉的通知》，https://www.gov.cn/zhengce/zhengceku/2022—05／31/content _ 5693162. htm。

（2）思考保护环境对我国的重要意义，反思我国经济发展与资源、生态环境之间的发展不平衡问题。

（3）从大国责任与担当的角度出发，思考我国为什么要积极推进碳达峰碳中和。

三、教学设计

（一）讨论市场失灵与外部性

（1）课前讨论：上课前将学生分成小组，鼓励学生积极表达。教师通过提出问题"举例说明常见的市场失灵"让学生自行分组讨论，并针对案例中的环境污染负外部性发表意见，提出解决方式。

（2）小组汇报：学生就本小组讨论的结论进行总结，并在课堂上以 PPT 形式进行讲解汇报，教师打分并评价各小组的表现。

（3）教师讲解：总结常见的市场失灵种类，讲解对市场失灵可以主要采取的解决方式。

（二）归纳总结保护环境的意义

（1）课前布置学习任务：通过布置课前预习任务的方式，要求学生自主收看由中央广播电视总台和生态环境部联合摄制的 4 集专题片《美丽中国》。该视频全面展现了新中国成立 70 年来，特别是党的十八大以来，我国生态环境保护和建设取得的瞩目成就，能够提高学生的学习兴趣，使学生更直观感受到环境保护对我国的重要意义。

（2）启发式教学：在课堂上引导学生提问，通过生师互动和生生互动，启发学生思考经济发展与生态环境应该如何平衡。

（3）教师讲解：解释说明保护环境的重要意义，给学生强调绝不能牺牲生态换取经济的短期发展。

（三）讨论中国在碳排放问题中的大国担当

（1）课堂讨论：学生之间进行分组，讨论面对日益严峻的气候危机，我国主动提出"碳达峰""碳中和"目标背后彰显出的大国使命与担当。

（2）教师讲解：教师从构建人类命运共同体和提供全球公共物品等角度，解释说明我国作为世界上最大的发展中国家，在碳排放问题中应承担的责任。

四、理论依据与具体分析

(一)理论依据

1. 外部性理论

"外部性",又称"外部效应""外在性"等,其理论的提出可以追溯到亚当·斯密,而经济学界公认的是由马歇尔最早提出的,后来庇古用现代经济学方法从福利经济学视角系统地研究了外部性问题。该理论提出以后,很多经济学家从不同的角度对外部性的内涵进行界定。其内涵大致可概括为私人成本与社会成本,或私人收益与社会收益的非一致性[①]。外部效应的存在使得某种资源无法通过市场机制的自发调节而实现最优配置结果,该种资源有关的经济主体也无法通过市场机制的自发调节来实现帕累托效率。因此,外部效应成为了市场失灵的主要表现之一,也是市场失灵理论的主要内容。

2. 马克思主义自然观

马克思主义自然观主要包括:

(1)生态系统是由人与环境组成的一个大的系统整体,它自身就是一个自组织开放的系统。它在不停地进行着物质、能量和信息的交换,表现出了动态性、自组织性、整体性、协调性和自适应性等特点。

(2)人与自然之间的关系应该遵循公平、可持续的原则,通过经济的低碳循环发展,建设生态文明,实现人与自然之间的和谐发展,实现人类社会和生态系统的协调发展。

(3)人类社会和生态系统之间的协调发展,其本质就是可持续发展,以自然可承载力为前提,实现天然自然和人工自然之间的和谐统一,而这也是人类生态文明所追求的发展目标。

马克思主义自然观是建立在现代生态学之上的系统理论,也是生态文明建设的基础。它要求人除了对自然进行改造之外,还必须完善社会制度,改善人类的价值观念和思维方式,从而建立一种人与自然和谐统一的社会文明。因此,马克思的生态自然观的核心要义就是要以科学的方式推动可持续发展,它的本质特点就是要把人和自然的双重价值融为一体[②]。

---

① 《公共财政概论》编写组:《公共财政概论》,高等教育出版社,2019年,第37页。

② 赵建军:《"绿水青山就是金山银山":马克思主义生态自然观的当代体现》,https://www.dswxyjy.org.cn/n1/2019/0617/c427160-31163050.html。

（二）具体分析

1. 关于市场失灵和负外部性

常见的市场失灵主要有四种类型：公共物品、外部性、垄断和信息不对称。

公共物品是用来满足社会公共需要的，具有非竞争性和非排他性的产品或服务。

外部性可以分为正外部性和负外部性，是指私人成本与社会成本或私人收益与社会收益的非一致性。产生外部性的主要原因是某人或某企业的行为影响了其他人或其他企业，却没有为之承担相应的成本费用或没有获得相应的报酬补偿。如企业的碳排放行为就是一种负外部性，会对社会环境产生负面影响，产生治理成本。

垄断是一种市场结构，完全垄断指一个行业里有且只有一家公司（或卖方）交易产品或者服务。市场上更常见的垄断是寡头垄断，即少数几个相互串通的大企业控制的市场。当市场中的产品供给被一家或少数几家企业垄断时，市场不能通过竞争机制促进企业提高生产效率，此时价格机制和竞争机制不起作用，市场价格由垄断公司决定，即出现市场失灵。

信息不对称是消费者和生产者之间存在信息不对称从而容易导致逆向选择、道德风险等问题。

具体而言，本案例主要体现的负外部性这一市场失灵现象在社会中很常见。碳排放的负外部性表现在宏观层面上对环境的污染。过量排放的二氧化碳会造成全球气候变暖、海平面上升、极端气候增多。烟雾、粉尘、有毒气体等会对人体健康、野生动植物造成极大的危害等。环境污染之后，政府和社会还要进行环境治理，从而增加了政府预算、社会治理成本。除此之外，最易忽视的是代际的负外部性。也就是说随着当代人碳排放量的增多，后代子孙能够享受到的环境质量越来越低，治理环境的成本将越来越高。

2. 保护生态环境的意义

保护生态环境对我国民生具有重要意义。生态环境属于公共物品范畴，其优劣决定了人民获得的幸福感。不断满足人民群众日益增长的优美生态环境需要，是习近平生态文明思想的鲜明特征之一，能体现出我国深厚的民生情怀和高度的责任担当。

经济上台阶，生态文明也要上台阶。积极推进我国生态文明建设，就是要关注我国社会主要矛盾的变化，要不断满足人民日益增长的美好生活需要，让更多的人享受更加优质的生态产品。宜人的气候、充足的阳光、清新的空气、清洁的水源、肥沃的土壤、宁静的环境、和谐的氛围、美丽的景色等覆盖人们生活的各个方面，可以让人们的获得感、幸福感和安全感得到切实提升。

当前我国经济发展和环境生态存在不平衡问题，由于过去一些地方只顾经济增长，忽视了资源、环境和生态的承载力，导致生态破坏、环境恶化。如果只顾经济发展，对生态不管不顾，人民将再也吃不到安全的食物，喝不到干净的水，呼吸不到清新的空气，住不到宜居的环境，所以在任何时候，都不能为了短期的经济发展而牺牲生态环境。

生态环境保护和经济发展是辩证统一、相辅相成的。建设生态文明、推动绿色低碳循环发展，不仅可以满足人民日益增长的优美生态环境需要，而且可以推动实现更高质量、更有效率、更加公平、更可持续、更为安全的发展，走出一条生产发展、生活富裕、生态良好的文明发展道路。实现碳达峰碳中和，是贯彻新发展理念、构建新发展格局、推动高质量发展的内在要求，也是着力解决资源环境约束突出问题、实现中华民族永续发展的必然选择。

本案例所提及的财政政策，如实施新能源汽车购置补贴、提供专项转移支付资金等行为对于保护环境，促进生态文明建设等具有重要意义，有利于改善人民生活，最终实现可持续发展战略。学生也要从自身做起，从身边小事做起，时刻关注环境、保护环境。

3. 中国提出碳达峰碳中和目标带来的启示

中国提出碳达峰碳中和的目标，充分体现了中国作为一个有责任的大国，在构建人类命运共同体问题上的担当。全球气候变化形势严峻，应对全球气候变化是全人类的责任。中国作为发展中大国，主动承担碳减排国际义务，应对全球气候变化，积极主动为全球碳减排做出更多贡献，这既是中国作为一个大国所应尽的责任，也说明中国在世界舞台上发挥自身作用的自信和决心，学生可在学习过程中获得深深的民族自豪感。

这也启示我们在日常生活、学习和工作中要增强责任感，主动承担责任义务，在有余力的时候，倡导自主贡献，发挥更大作用。

（彭　连）

参考文献

[1] 李冉，陈海若. 从人的本质维度把握习近平生态文明思想的理论贡献
[J]. 思想教育研究，2023（5）：10—17.

[2] 冯俏彬，白雪苑，李贺. 支持碳达峰、碳中和的财税理论创新与政策体系

构建 [J]. 改革，2022 (7)：106－116.

[3] 李月清. 正确理解和把握碳达峰碳中和 [J]. 中国石油企业，2022 (11)：35－36.

[4] 潘岳. 马克思主义生态观与生态文明 [J]. 中国生态文明，2015 (3)：10－13.

[5] 汪晓东，刘毅，林小溪. 让绿水青山造福人民泽被子孙——习近平总书记关于生态文明建设重要论述综述 [J]. 新华月报，2021 (13)：48－60.

[6] 王静. 论马克思主义生态观与生态文明 [J]. 新西部（理论版），2016 (8)：3＋9.

[7] 余璐. 守护绿水青山　扎实推进绿色高质量发展 [J]. 环境与生活，2022 (10)：44－47.

[8] 张红伟，罗晓慧，陈小辉. 数字经济与产业结构清洁化 [J]. 证券市场导报，2023 (1)：56－68.

[9] 周枕戈，庄贵阳. 碳达峰与碳中和行动的经济激励与策略选择 [J]. 企业经济，2023，42 (5)：62－70.

[10] 赵建军. "绿水青山就是金山银山"：马克思主义生态自然观的当代体现 [N]. 浙江日报，2015－09－23 (3).

案例 1－5
云南大象奇游记

【案例简介】

自 2021 年 4 月 16 日开始，原栖息在西双版纳国家级自然保护区的 17 头云南野生象一路北上，吃喝不愁。

6 月 2 日，云南的野生大象群体继续向北方迁移，沿玉溪市红塔区春和街道老光箐村北侧前进，并最终进入昆明市晋宁区双河乡地区。为了妥善处理这一情况，昆明市和玉溪市启动了紧急响应机制，动员了 675 名应急处置人员和警力，出动了 62 辆应急车辆，同时派出 12 架无人机参与监测。除此之外，昆明市还积极储备了 10 吨的大象食物，以确保满足野生大象群体的需求。

大象迁移引发了所到之处人们的好奇，大量的各种视频马上传到了网上。对于没有机会看到象群迁移场景的人，也从这些视频中过足了"眼瘾"，尤其是一些儿童每天都要关心一下大象的情况。应当说，自 4 月 16 日象群迁移以来，它们就成了手机"刷屏"的主角，这足见社会对大象萌态的喜爱。象群历时 110 多天，行进 1300 多公里，最终在人们护送下，平安返回它们最初出发之地。

这次原栖息在西双版纳国家级自然保护区的野生象的迁移，给沿线市区和沿线农民的生活生产造成了不少的影响。但沿途的居民并未因野生大象的出现而恐慌，也并未对其采取任何不友好行动。在大象移动过程中，政府部门积极提供食物供其食用，并且为其建立了专门的行进路径，以确保大象能够自由且安全地完成迁徙。在象群游走的过程中，沿途的政府与居民均给予了大力的关照。此次护象行动的信息在全国范围内快速传播，并且得到了世界各国的肯定，与此同时，人们也开始对生物多样性保护给予更多的关注。

中国在保护濒危物种和生物多样性方面取得的成就得到各方肯定。2021 年

10 月 11 日,《生物多样性公约》缔约方大会第十五次会议(简称"COP15")在云南昆明开幕,开幕式上短片《"象"往云南》重温了亚洲象的浪漫旅行①。国务院新闻办公室 2021 年 10 月 8 日发表的《中国的生物多样性保护》白皮书显示,自 1956 年建立第一个自然保护区以来,中国已建立各级各类自然保护地近万处,约占陆域国土面积的 18%。近年来,中国积极推动建立以国家公园为主体、自然保护区为基础、各类自然公园为补充的自然保护地体系,为保护栖息地、改善生态环境质量和维护国家生态安全奠定了基础。这群野象南归之后,"短鼻家族"野象健康状况良好,象群吸收了新成员,然后分成两群在不同区域活动。在全球亚洲象数量减少的背景下,中国野象出现"婴儿潮",象群不断壮大和分家,成为我国生态文明建设和生物多样性保护的标志性成果②。

【案例使用说明】

一、教学目标

(一) 知识目标

(1) 掌握财政资源配置职能、经济稳定与发展职能等。

政府对野生大象的保护,体现了政府保护生态环境和生物多样性的责任和担当,请学生从案例中解读出体现的财政职能。

(2) 了解我国目前支持生态文明建设的财税政策。

要求学生阅读相关文献,引导学生了解政府支持生态文明建设的财税政策。

(二) 能力目标

(1) 培养学生解决生态文明建设中出现新问题的能力。

通过案例分析及理论讲解,讨论象群迁移问题可采取的对策建议。

(2) 培养运用基础理论观察现实经济的能力。

---

① 夏研:《善待"一路象北",讲了一个"中国好故事"》,https://www.bjnews.com.cn/detail/162331752814479.html.

② 伍晓阳、赵珮然:《野象分家记》,http://www.news.cn/politics/2023-05/15/c_112961 6511.htm.

象群迁移背后牵涉到人与自然和谐共生的大问题。在学习过程中，学生运用新发展理念，观察现实经济，思考如何运用财税政策保护好生态环境。

（三）思政目标

（1）培养学生绿色发展理念。

人类在进行各项发展活动的过程中，必须尊重自然的存在，要以顺应并保护自然作为前提，绿色发展理念正是对这条客观规律的自觉认识。坚持绿色发展理念是实现人类和平及可持续发展的必然选择。

（2）树立学生生态文明观。

自然是生命之母，人与自然是生命共同体[①]。大自然是人类赖以生存发展的基本条件，人类应为自然守住安全边界和环境底线，努力实现人与自然和谐共生。当代大学生应努力建设人与自然和谐共生的现代化，恪守自然规律，与自然和谐相处，并通过保护自然资源来促进可持续发展。

二、启发思考题

（1）结合案例谈谈财政的职能有哪些。

（2）我国促进生态文明建设的财税政策有哪些？

（3）谈谈"十四五"期间财政支持生态文明建设的优化路径。

三、教学设计

（一）讨论财政的职能

在教学中，教师以图片及视频引入主题，通过展示大象北上时呆萌可爱的形象引起学生共情，进而通过启发式的方法激发学生思考的欲望。在课前，要求学生熟悉财政职能的定义，以便更好地参与讨论与互动。

（二）归纳总结我国加强生态环境保护实际采用的财税政策

首先，将学生分为 4～6 人一组，共同探讨生态环境保护领域的主题，并为课堂讨论做准备。其次，每个小组选出一名学生作为代表，由其进行限时报告。再次，进入师生提问环节，师生就生态环境保护问题进行开放式讨论。最后，教师根据现场讨论情况进行点评。

---

① 陈曙光：《人与自然是生命共同体》，《光明日报》，2023 年 12 月 18 日第 15 版。

（三）探讨"十四五"期间财税政策助力生态文明建设的主要措施

课堂综合运用多媒体等教学手段，做到讲授和讨论相结合，加强生生互动和生师互动；课后通过阅读文献、网络资料查询、资料整理等途径，加深学生对财政支持生态文明建设基本知识的理解和运用。

四、理论依据与具体分析

（一）理论依据

1. 财政的资源配置职能

财政的资源配置职能是由政府介入或干预资源配置所产生的功能。其特点是通过税收和财政支出等收支活动为政府提供公共产品给予财力支持，纠正市场外部性，引导资源配置，解决市场失灵问题，最终推动整体社会资源达到最优状态[①]。资源配置职能重点包括：①供给公共物品；②矫正外部性；③对自然垄断的管制等。

2. 公共物品理论

公共物品是指用来满足社会公共需求、具有非竞争性和非排他性的商品和服务。萨缪尔森（1954）在《公共支出的纯理论分析》一文中提出，公共物品是一个人的消费不会影响其他人的消费的产品[②]。之后理论界对公共物品的研究逐渐增多，当前最广为人们接受的定义是从非竞争性和非排他性等特征对公共物品进行界定的。

生态文明体现了人与自然和谐共生的理念，其构成要素包括生态物质、技术和精神。生态环境一直处于不断变化中，加之资源具有资本化的特征，这些因素决定了生态文明的如下特性：其一，生态文明的定义和计量存在困难，因其涉及多个维度和层面，所以难以明确界定也无法准确计量。其二，生态文明的成效紧密关联于人类的生产和生活方式，但在一定程度上也表现出排他性，使得不同利益主体之间存在竞争与冲突。其三，生态文明的建设成果具备外溢性和滞后性。这种外溢性意味着生态建设的效益会影响到未直接参与建设的个体；而滞后性则表明生态文明的积极影响不会立即显现，需要长期积累和努力。

---

① 吕冰洋：《现代财政制度与国家治理》，《中国人民大学学报》，2014年第5期，第1页。
② 《公共财政概论》编写组：《公共财政概论》，高等教育出版社，2019年，第34页。

这些生态文明的特性同时也是公共物品的特点。公共物品的核心特征之一是非排他性，这也在生态文明中得到体现，因此可能导致"搭便车"问题，即某些个体从中受益却不承担成本，进而影响到生态环境保护资金的投入不足，同时也会出现投资主体缺位的问题。此外，市场失灵也可能限制生态文明的建设，导致生态产品供给不足。在市场无法有效配置资源的情况下，政府的介入成为解决市场失灵问题的有效手段。此时财政支持政策则成为政府调控的主要手段之一，通过有效的财政支持为生态建设提供资金支持，推动其发展。

（二）具体分析

1. 结合案例解读财政的职能

此案例体现了财政的经济稳定和发展职能。在象群迁移的过程中，昆明市、玉溪市投入相关人员、警力、车辆及食物，保护象群的回归，这一举措是政府利用财政资源对野生动物进行保护的集中体现。在市场经济条件下，若没有政府介入，生态环境投入资金往往不足，投资主体缺位现象时有出现，市场自发形成的配置状态不可能达到最优的效率状态。在象群的回归中，政府通过合理安排财政资金，组织人员、物资，对象群实施保护，切实地保证了象群的生存需要，保护了生物多样性以及生态环境，发挥了财政的生态效益，为经济和社会发展提供了和平与安定的环境。

2. 综合分析我国促进生态文明建设的财税政策

（1）在生态环保领域实施中央与地方财政事权和支出责任划分改革。

2020年5月和6月，国务院相继发布《生态环境领域中央与地方财政事权和支出责任划分改革方案》和《自然资源领域中央与地方财政事权和支出责任划分改革方案》，明确了各级政府在生态环境保护领域的事权、支出责任，建立了财力和事权相匹配的制度，推进生态文明体制改革。2016—2019年，全国一般公共预算生态文明建设支出年均增速为14.8%，高于同期全国财政支出增速6.4个百分点[①]。

（2）建立健全生态补偿机制，加大对重点生态功能区的财政支出力度。

近年来，财政部积极推进深化生态保护补偿制度改革，按照《中央对地方重点生态功能区转移支付办法》相关规定，通过逐步提高重点生态功能区一般性转移支付规模，加大重大生态功能区转移支付力度，提高重点生态县域等地

---

① 王金南、程亮、陈鹏：《国家"十三五"生态文明建设财政政策实施成效分析》，《环境保护》，2021年第5期，第42页。

区基本公共服务保障能力，推进生态文明建设。2016—2020年，中央财政安排重点生态功能区转移支付资金3524亿元，在对禁止开发区域和限制开发区域实现全覆盖的基础上，加大对"三区三州"等深度贫困地区、京津冀及长江经济带等生态功能重要区域的支持力度①。2023年为落实生态补偿制度，中央财政重点生态功能区转移支付安排1091亿元，引导地方加大生态保护力度②。

（3）出台绿色财政支持政策。

不断完善生态环境保护税收政策，在消费税、资源税、环境保护税、企业所得税、增值税等税种均有相关条款支持绿色发展。完善绿色采购制度，综合运用强制采购、优先采购、制定政府采购需求标准等措施，扩大政府绿色采购范围，为节约能源、保护环境、应对气候变化发挥了积极作用。扩大生态文明建设资金覆盖范围。生态文明相关专项资金包括大气污染防治资金、水污染防治资金、土壤污染防治专项资金、农村环境整治资金、重点生态保护修复治理专项资金等，应在污染防治、生态保护等重点领域拓宽资金投入。

总之，在中央和地方的共同推动下，生态文明建设相关的财税政策正逐步完善，环境保护、生态修复相关的关键领域和薄弱环节，均已经开始制定相关政策，并通过税收手段对环境领域给予支持，鼓励企业节约资源，与政府共同努力，完成生态文明建设③。

3. "十四五"期间财税政策助力生态文明建设的主要措施

生态文明建设是关系中华民族永续发展的根本大计，需要国家提供大量的资金支持。虽然现阶段国家在该方面的财政投入逐渐增加，但其效率却一直保持在较低水平，导致环境持续恶化问题无法解决，同时监管缺位现象也较为明显。为此，政府需要积极改革，致力于财政支持机制的创新，以优化生态文明建设路径。

（1）加大财政资金投入。

继续增加生态文明相关中央专项资金和重点生态功能区转移支付的支持力度。通过专项资金的设立和定向拨款，引导资金流向关键环保领域，实现资源的高效利用，推动经济向更可持续的方向发展。另外，应对环保资金投入方式进行创新，拓展财政补贴的范围，支持循环经济、清洁生产和节能减排等项

---

① 李忠峰：《大力支持打好污染防治攻坚战》，《中国财经报》，2020年10月29日第2版。

② 财政部：《关于2022年中央和地方预算执行情况与2023年中央和地方预算草案的报告》，https://www.mof.gov.cn/gkml/caizhengshuju/202303/t20230316_3872867.htm。

③ 刘伟：《促进生态文明建设的财税政策》，《行政管理改革》，2018年第1期，第28页。

目，激发企业的环保意识，促进绿色技术的应用。加大全国生物多样性保护财政支持力度，科学测算各类生物多样性保护的财政支出定额标准，要求各级政府在一般公共预算中足额保障生物多样性保护经费。设立绿色产业基金等市场化工具，大力推动绿色金融的发展，引导投资者参与生态文明建设，实现经济增长与生态环境保护的双赢。

（2）扶持绿色生态产业发展。

采取一系列措施推动低碳产业的发展，加速绿色低碳循环经济的发展，实现生态环境保护与经济发展的有机融合；通过制定支持政策，提供财政补贴和税收优惠等方式，激励企业在这些领域投资和创新，推动相关产业的壮大。通过设立生态补偿机制，将环保纳入经济发展的考量之中，为实现绿水青山带来多方面效益的巨大转变，构建协同发展的生态经济体系。通过整合资源，推动不同领域之间的协同发展，实现经济效益、社会效益和环境效益的良性互动。

（3）健全生态保护补偿机制。

政府应强化生态环保纵向财政转移支付，科学测定补偿标准，完善补偿方式，平衡好不同利益相关者的需求，强化补偿机制的可行性、激励性、持续性，将资金有针对性地投入生态保护；还应建立横向生态补偿机制，将跨省上下游企业紧密结合在一起，确保生态资源丰富的地区可以分担保护成本，形成共同受益的流域保护格局，促进整个生态系统的平衡和稳定；对现有的生态保护补偿标准进行调整，制定全国范围适用的生态补偿测算指标，确保补偿金额公平合理。将生态保护补偿与其他项目进行结合，比如乡村振兴项目、基本公共服务供给项目等，通过生态保护项目为乡村地区提供就业机会和收入来源，助力乡村振兴，确保经济欠发达地区能够获得与其他地区相等的基本公共服务，促进区域发展的均衡。

（4）夯实生态文明建设体制保障。

制定更为全面的绿色税收制度，研究征收碳税，通过对排放和资源消耗征税，引导企业减少污染和资源浪费；构建排污权交易制度，强化排污权市场建设，推动碳排放市场与国际接轨，进一步发展碳金融市场；针对环境资源产权问题完善相关制度，通过改革资源性产品价格，实现市场配置与政府干预相结合的价格调控，推动资源的合理配置，同时引导绿色技术和创新的发展[①]。

---

① 蒋金法、魏吉华：《强化公共财政支持生态文明建设职能》，《光明日报》，2018年8月27日第7版。

（5）增强环保执法和督查力度。

制定标准的环境执法程序，从而促进环境执法质量的提高，加大对违法环保行为的处罚力度，确保环保法律的有效实施，维护生态环境的秩序。

（6）完善公众参与机制，加强生态文明教育。

生态文明建设不仅依赖财政投入，还需发挥市场机制作用。强化政策引导，鼓励企业加大环保投资。此外，也需将生态文明教育融入国民教育和干部培训中，提升公众环保意识，同时支持社会组织参与环保监督和行动，通过奖励激励环保行为，形成全社会共同参与的格局。

综上所述，生态文明建设需财政支持，但也需要创新机制与多元路径相结合。通过提高财政支出效率、完善环境法规、激励市场主体，生态环保工作可得以巩固，为中华民族的永续发展创造更可持续的生态环境。

（段海英　马立沙）

参考文献

[1] 陈曙光. 人与自然是生命共同体 [N]. 光明日报，2023—12—18 (15).

[2] 贾康. 税收应"取之于民、用之于民"[J]. 经济，2015 (Z1)：10.

[3] 李忠峰. 大力支持打好污染防治攻坚战 [N]. 中国财经报，2020—10—29 (2).

[4] 刘伟. 促进生态文明建设的财税政策 [J]. 行政管理改革，2018 (1)：28—34.

[5] 蒋金法，魏吉华. 强化公共财政支持生态文明建设职能 [N]. 光明日报，2018—08—27 (7).

[6] 茆晓颖. 新文科背景下"财政学"课程融合思政元素的改革探索 [J]. 教育教学论坛，2021 (1)：78—81.

[7] 阮文虹. 财政学课程思政嵌入内容及嵌入路径设计 [J]. 科教文汇（下旬刊），2021 (3)：136—137+142.

[8] 夏研. 善待"一路象北"，讲了一个"中国好故事" [N]. 新京报，2021—06—10 (3).

[9] 伍晓阳，赵珮然. 野象分家记 [N]. 新华每日电讯，2023—05—16 (8).

[10] 王金南，程亮，陈鹏. 国家"十三五"生态文明建设财政政策实施成效分析 [J]. 环境保护，2021，49 (5)：40—43.

[11] 王海芹. 理解习近平生态文明思想的内在逻辑 [N]. 中国经济时报，2021—09—23 (4).

专题二

财政支出

案例 2－1　做好加减促公平：
财政资金对教育"双减"的支持

【案例简介】

2021年5月21日，习近平总书记主持召开中央全面深化改革委员会第十九次会议，审议通过了《关于进一步减轻义务教育阶段学生作业负担和校外培训负担的意见》，由此出现一个热词——"双减"。"双减"是指减轻义务教育阶段学生作业负担、减轻校外培训负担，是我国基础教育治理的"一号工程"，对构建高质量基础教育体系与建设基础教育强国至关重要。通过减轻义务教育阶段学生过重的作业负担和校外培训负担，满足学生多样化学习需求，全面规范校外培训行为，大力提升教育教学质量。

"双减"的顺利推行，需要明确各部门工作责任。财政部一方面要协助国家发展改革委、教育部等部门制定学校课后服务性或代收费标准；另一方面，要加强学校课后服务经费保障。在"双减"政策出台后，我国各地财政部门纷纷出台相关举措支持"双减"政策的实施，切实减轻群众教育负担。

按照教育部的规定，申请课后服务需要由家长自愿提出，课后服务坚持公益导向和成本补偿原则，不得营利。目前全国的经费是根据中小学生课后服务的性质和地方财力，通过财政补贴、服务性收费或代收费等方式筹措。通过对教育部教基厅函〔2021〕23号文的文本梳理可知，第一种资金保障模式是有条件的地方由财政全额保障，政府免费提供资金保障；第二种资金保障模式针对财力有困难的地方，将收费作为补充和辅助；第三种资金保障模式是家长承担式。

在第一种模式中，比较典型的有浙江省台州市椒江区、河北省、广东省深圳市、河南省郑州市等地。如浙江省台州市椒江区自2017年9月起采取"政府买单、校内托管"的形式，在浙江省率先试点放学后免费托管服务。河北省课后服务不向学生家长收取费用，所需经费全部由同级财政负担，按照不高于当地绩效工资指导线的1.1倍核定绩效工资总量，增加部分用于开展课后服务学校教职工的补助。目前全国各地区课后服务的资金筹集模式主要为第二种模式，这与课后服务在我国目前是非基本公共服务的性质相一致。如上海市静安区设立年度常规专项经费，对课后服务工作成效显著的学校，在绩效统筹部分予以奖励。安徽省合肥市建立合理成本分担机制，市级财政部门单独安排课后服务专项补助资金，补助额度与课后服务工作考评结果挂钩。第三种模式主要是针对一些引进第三方机构提供的"个性化课程"，在合理核算成本的基础上，由家长自愿参加并承担相关费用。

尽管有一些试点地区政府承担了所有的延时服务费用，但课后服务目前在性质上是一种普惠性非基本公共服务，家长和政府共同负担成本是目前的主要资金保障方式。总体而言，"双减"政策实施后，义务教育学校课后服务出现了需求稳中有升、供给形式多样、资金来源多元、社会督导有力的良好局面。

【案例使用说明】

一、教学目标

（一）知识目标

（1）明确教育支出是财政支出的重要部分，了解教育支出的定义、范围、变化，教育支出的现状与未来发展。

（2）巩固并掌握公共物品、准公共物品等相关知识点，明确义务教育作为准公共物品，不能单纯依靠市场来提供，需要政府参与资源配置。

（3）了解基本公共服务、非基本公共服务的区别以及各自筹资模式。

（二）能力目标

通过要求学生谈谈自己身边的"双减"案例及影响，引导学生思考其中涉及的财政学知识，培养学生发现问题、提出问题的能力，提高学生的自主思考能力。

（三）思政目标

教育支出作为民生性支出，体现了财政对于改善民生、促进基本公共服务均等化、促进共同富裕的重要作用。

二、启发思考题

（1）思考政府介入教育领域的原因。

（2）思考社会资本参与非基本公共服务提供的原因。

（3）国家对教育"双减"政策的重视对青少年个人发展有什么启示？

三、教学设计

（一）讨论政府介入教育领域的原因及意义

在课堂上引导学生开展分组讨论，由每组发言人进行总结发言。教育是具有较强收益外溢性的混合产品，市场配置资源低效，难以满足需求，因此需要政府介入。教育是社会价值容易被低估的优值品，基础教育需要政府无偿提供并采取义务教育制度。此外，教育事关个人生存发展，具有公平社会收入分配的作用，人力资本投资关系是社会经济发展重要的推动力，因此政府搞好教育至关重要。

（二）讨论社会资本参与非基本公共服务提供的原因

组织小组讨论，要求同学回答若干问题。首先，区分公共服务的不同类型；其次，针对不同类型的公共服务，探讨政府和市场在其中发挥的不同作用；再次，结合我国公共服务实际需求与供给情况，理解社会资本参与非基本公共服务供给的原因；最后，思考由社会资本参与非基本公共服务供给有哪些优点。

（三）讨论教育"双减"政策对个人的启示

了解教育是人力资本投资的重要途径，功利主义的教育观念不利于人才成长和教育事业发展，通过讨论增强学生的学习激情。

具体教学设计如表 1 所示。

表 1　案例 2-1 具体教学设计

课程设计	学习内容	学生活动	学习目标
课前	布置调研任务，请学生收集自己家乡的"双减"资料并了解情况	问询、调研等	深入社会，提高学生的实践能力

续表1

课程设计	学习内容	学生活动	学习目标
课中	请学生就自己收集到的"双减"资料进行展示	学生展示不同案例，生生互动	通过自主展示提高学生的表达能力、自信心，通过了解不同地区的不同政策，开阔他们的视野
	教师对案例进行补充和总结，区分总结"双减"的不同筹资模式，并引出教育支出、教育提供主体以及公共服务分类等知识点；了解国家对关系民生福祉的教育事业的重视	倾听讲解	掌握基本的财政学专业知识，理解教育支出是民生性支出，理解财政支出对于改善民生的重要作用
课后	通过线上测试考查教育支出、公共服务等基础知识点	回顾知识点，做知识检测题	增强对专业知识的掌握和理解

四、理论依据与具体分析

（一）理论依据

1. 优值品

优值品是指带来的实际效用高于个体主观评价效用的物品和服务。个体对其主观评价偏低，可能造成该类物品或服务需求不足，此时则需要政府采取低价或免费提供的方式，甚至采取强制消费的措施。教育、社会保险等公共服务都是优值品。例如，按照《中华人民共和国义务教育法》，我国适龄儿童和青少年必须接受义务教育，义务教育是国家、社会、家庭必须予以保证的国民教育。又如，按照《中华人民共和国劳动法》和《中华人民共和国社会保险法》，用人单位必须为雇员缴纳社会保险费用。

2. 公共服务的类型

公共服务可以分为基本公共服务、非基本公共服务以及生活服务，其划分依据主要是政府供给服务的职责不同以及公民个人需求层次不同。其中，基本公共服务需要保障全体人民生存和发展的基本需要，在保障服务供给方面，政府承担主要责任；非基本公共服务主要是满足公民更高层次需求，由市场供给可能存在供不应求，因此需要政府给予一定的支持政策，以可承受价格使得大多数公民付费享有；生活服务则是满足公民多样化、个性化、高品质服务需求，这一类服务完全由市场供给，政府的作用主要是营造公平竞争的外部市场环境，引导产业健康发展。

3. 人力资本理论

现代人力资本理论兴起于 20 世纪 60 年代，主要探讨人口素质或质量的提高及其对经济发展的作用，代表人物是美国经济学家舒尔茨[①]。舒尔茨认为，人的知识、能力和健康等人力资本的提高，对经济增长的贡献远比物质资本和劳动力数量的增加要大得多。美国经济学家加里·贝克尔于 1962 年和 1964 年分别出版了《人力资本投资：一种理论分析》和《人力资本》，标志着现代人力资本理论的形成。贝克尔提出孩子的直接成本、间接成本、家庭时间价值、时间配置等概念，为人力资本的性质、人力资本投资行为提供了理论解释。贝克尔和舒尔茨一起被公认为现代人力资本理论的创始人。20 世纪 80 年代后期，罗伯特·卢卡斯发表《论经济发展的机制》，把人力资本纳入长期经济增长模型，人力资本理论体系得到进一步完善。主流的学术观点认为，人力资本是与经济活动有关的个人所体现出的知识、技能、能力以及其他特质，主要是由教育投资产生的可以提高劳动者生产能力的技能和经验的积累。在传统的人力资本理论中，相对于其他物质资本，人力资本对于经济增长的促进作用明显更高。贝克尔指出，用来增加人的资源、影响未来收入和消费的投资就是人力资本的投资，用于提高人的智力、知识、能力和技术水平方面的教育投资是人力资本的主要形成途径。

（二）具体分析

1. 政府介入教育领域的原因及意义

（1）政府介入教育领域的原因。

①教育是具有较强收益外溢性的混合产品，教育不能单纯依靠市场提供，需要政府参与。

②教育是社会价值容易被低估的优值品，这可能导致在市场机制调节下出现教育资源供给或需求不足，因此需要政府介入。

③教育具有公平社会分配的功能，通过教育可以在一定程度上阻碍贫困的代际传递，解决代际不平等问题，通过财政的收入分配职能实现社会所认可的公平正义。

④教育支出是重要的人力资本投资，是人力资本积累的重要途径，有利于

[①] 《发展经济学》编写组：《发展经济学》，高等教育出版社，2019 年，第 273～276 页。

促进经济长期高质量发展。

（2）政府介入教育的现实意义。

①坚持保障民生，减轻群众教育负担。在本案例中，财政部门为支持"双减"，加大教育经费投入，以提升教学基础设施，提高公办教育质量，从而为人民群众提供更加均衡高效的义务教育服务。教育支出属于民生性支出，近年来教育支出绝对量和相对量的提高，体现了财政支持教育等公共服务发展，推进基本公共服务均等化，展现了政府关注民生、重视民生、保障民生。

②以教育公平促进社会公平。在实施"双减"政策以前，资本渗入教育行业，优质的教育资源涌向校外。日渐功利化的教育将教育负担转嫁到家庭、学生身上，校外培训不仅"补差"还重在"拔尖"。教育成本成为影响家庭生活成本的重要负担之一，低收入家庭与高收入家庭的教育差距只会越拉越大，不利于教育公平。"双减"政策可以降低学生家长教育负担，保障校园的教学质量，使孩子们的学习教育主阵地回归校园，实现学有所教，促进教育的均衡发展，以教育公平促进社会公平正义。

2. 社会资本参与非基本公共服务供给的原因

（1）满足公共服务需求增长。

人民对美好生活的需求日益增长，对教育、医疗等公共服务需求不断增加，这与基本公共服务标准不高、非基本公共服务以及生活服务供给不足形成矛盾。高品质非基本公共服务供给不足，为社会资本参与公共服务供给提供了可能。

（2）弥补财政资金的不足，缓解财政支出压力。

面对供给与需求不匹配的矛盾，政府财政压力加大。社会资本的介入可有效缓解财政支出压力，丰富公共服务类型并提升品质。政府在公共服务提供中主要发挥托底作用，应当优先用于保障基本公共服务的提供，做好补短板、强弱项，资金优先用于民生领域，切实履行好保基本、保底线的托底职责。而在非基本公共服务供给方面，政府主要发挥引导作用，做好制度安排，创造良好外部环境，统筹社会资本参与非基本公共服务供给，满足群众多样化需求，更好地保障和改善民生。

（3）更好发挥市场在非基本公共服务供给中的作用。

非基本公共服务有个性化需求多、类型丰富等特点。社会资本具有决策灵活、竞争充分等优势，其提供非基本公共服务更有效率，在数量上能更好满足非基本公共服务需求。同时，社会资本提供非基本公共服务更加专业，在质量上满足非基本公共服务需求，有利于补齐非基本公共服务短板。

3. 教育"双减"政策带来的启示

对义务教育阶段学生实施"双减"是对教育过于功利的纠正。在"双减"之前，不少家长热衷于给孩子报各种补习班，部分学校过于注重升学率、唯分数论，社会过于看重学历，这些都是功利主义教育观念的表现，对于学生的成长存在一定的消极影响，而"双减"可以在一定程度上改善这种功利主义。减轻校外培训负担，可以在一定程度上改善过度上补习班的现象，提升学校课后服务水平；能够满足学生更多个性化发展需求，在高质量保证科学文化知识传授的基础上，更好地培养学生的意志、品质，促进学生德智体美劳全面发展。

学生要认真解读"双减"政策，利用专业知识引导身边的亲戚朋友顺应改革精神，减少"内卷"，因势利导，因材施教，让义务教育阶段的学生健康快乐成长。青少年健康成长后，最终将为社会进步贡献力量，体现出人力资本投资的价值。

（段海英　李敬业）

参考文献

[1] 段海英，张鹏程. 推进义务教育学校课后服务高质量均衡发展 [J]. 教育科学论坛，2022（8）：6-9.

[2] 江宏，万礼修，周智良. "双减"治理：成效、经验、深化路线——基于学校落实"双减"典型案例的分析 [J]. 中国教育学刊，2023（2）：61-66.

[3] 李思龙，仝菲菲，韩阳阳. 公共教育投资、人力资本积累和区域创新能力 [J]. 财经研究，2022，48（9）：94-108.

[4] 王洪川. 完善国家公共服务制度体系现代化发展的路径分析 [J]. 经济学家，2021（1）：73-80.

[5] 薛海平，蔡湘琼. 加大教育财政投入能否降低家庭课外补习支出——兼论"双减"政策的实施空间 [J]. 教育科学研究，2023（1）：5-13.

[6] 曾维和，咸鸣霞. 支持社会力量增加非基本公共服务供给的实现机制 [J]. 中国行政管理，2019（4）：12-13.

案例2-2 喜见雏鹰振翅飞
——农村义务教育学生营养改善计划的成效分析

【案例简介】

2011年秋季学期，我国正式启动"农村义务教育学生营养改善计划"（以下简称"营养改善计划"），旨在改善农村学生营养状况，提高农村学生健康水平。2011年至2021年，中央财政累计安排学生营养膳食补助资金达1967.34亿元。截至2020年底，全国有28个省份1732个县实施了营养改善计划，覆盖农村义务教育学校13.16万所，受益学生达3797.83万人①。2021年12月18日，中国发展研究基金会原副理事长卢迈在营养改善计划十周年国际研讨会上认为，我国提供校餐在数量规模上居于世界第三，在财政投入规模上居于世界第二，校餐质量在能量、蛋白质、微量元素等方面明显好于其他金砖国家。通过成本与回报的保守测算，营养改善计划这项教育政策的投资回报超过5倍。

营养改善计划成效显著，学校有了"营养餐"，辍学的学生大幅减少，农村学生身体健康水平不断提升。2021年全国农村义务教育学生营养改善计划领导小组办公室会同中国疾病预防控制中心营养与健康所，对2012年以来的农村学生营养健康状况监测情况进行了对比分析。基于回收的593份县级问卷、1199658份家庭问卷和71个县227万名学生的体质监测数据，《农村义务教育学生营养改善计划评估报告》显示，欠发达地区农村15岁男生的平均身高，2012年是155.8厘米，2020年则是166.1厘米，高了10.3厘米；与此同

---

① 张国：《国家给农村孩子"加餐"十年：多了一元钱，高了十厘米》，《中国青年报》，2021年12月22日第8版。

时，15 岁女生也平均增高了约 8 厘米。根据监测，实施营养改善计划地区学生的平均身高和体重增速高于全国农村学生平均增速。评估组在 11 个中西部省份中选取 12 万余名义务教育阶段学生，对他们的体质监测数据进行分析，发现营养改善计划受益学生的平均身高比没享受的高 1.32 厘米。受益学生体质健康合格率从 2012 年的 70.3％提高至 2021 年的 86.7％，欠发达地区农村学生营养不良问题从 2012 年的 20.3％下降到 10.2％，贫血率由 2012 年的 19.2％下降到 9.6％[1]。

营养改善计划有效助力乡村振兴。营养改善计划实施过程中，各地采取就近采购食材、建设生产配送基地等方式，推动了学校农产品需求与农村产业发展精准对接，提供了大量工作岗位，有力带动了当地经济发展和农民增收。以河南省太康县某小学为例，校长介绍，为了保障学生的午餐，学校聘请了两名学生家长作为工勤人员，同时因地制宜，在校园里的空地种植大葱、红薯、南瓜等常见的瓜果蔬菜，既丰富了学生的生活阅历，也可以补贴他们的餐饮。营养改善计划的有效落实，带动了当地农业、运输业、食品加工业的发展，为当地经济发展带来了契机。评估发现，食堂供餐的学校大多足额聘用了食堂工勤人员，其中 84.1％为女性。值得注意的是，这些人员中 39.6％为在校学生家长，营养改善计划把妈妈留在了孩子身边。卢迈表示，营养对个人、家庭、社会、国家发展有重要、持久、深远的影响，应放在更加突出的位置，地方政府、学校要量力而行，也要尽力而为。

营养改善计划进入新阶段，同时也面临着新问题。浙江大学求是讲席教授、中国农村发展研究院国际院长、国际食物政策研究所资深研究员陈志钢认为，目前对 3～5 岁的学龄前孩子，还没有全国范围的营养干预措施。根据越早干预效果越好的特点，学龄前孩子需要政府加强营养干预。卢迈认为，政治经济社会环境发生重大转变，当初的贫困县已全面脱贫，根据现阶段发展水平及中西部农村人口的现实需求，中央政府及有关部门应重新确定营养改善计划受益对象范围，尽可能实现县域内就读的农村户籍学生全覆盖、中西部农村全覆盖。同时，鼓励有条件的县和学校将营养餐内容扩充为"早餐＋午餐"，让学生的精力和体力更充沛，显著增强他们的体质和学习能力。

经国务院批准，从 2021 年秋季学期起，农村义务教育学生营养膳食补助国家基础标准由每生每天 4 元提高至 5 元。2021 年，中央财政安排的学生营

---

[1]　张国：《国家给农村孩子"加餐"十年：多了一元钱，高了十厘米》，《中国青年报》，2021 年 12 月 22 日第 8 版。

养膳食补助资金为 260.34 亿元，比上年增长 12.9%[①]。"有肉、有菜，真能吃到肚子里"，幸福感洋溢在更多农村义务教育学生脸上。

营养改善计划的实施，为提高民族素质、建设教育强国和健康中国奠定了坚实基础，是一项功在当代、利在千秋的民心工程。

【案例使用说明】

一、教学目标

（一）知识目标

了解我国财政在民生领域的常见支出项目。分析本案例中财政对农村义务教育学生的营养膳食补助经费，进一步思考我国财政在基本公共服务方面的支出有哪些，理解这些财政支出项目对于改善人民生活的重要意义。

（二）能力目标

通过本案例的学习，提高学生发现问题、分析问题、解决问题的能力。本案例中，农村义务教育学生营养不足就是一个重要的民生问题。通过政府支出等政策手段解决义务教育阶段学生营养不足问题，不仅极大地改善了农村义务教育孩子的营养状况，还在一定程度上解决了教育公平的问题。通过案例分析，能够培养学生解决现实问题的能力。

（三）思政目标

本案例以财政在教育领域的民生支出为切入点，让学生关注到农村义务教育学生这一弱势群体，提高学生对弱势群体的关注度，注意到制度优化可促进社会公平这一命题，提升学生胸怀天下的心胸与格局。

二、启发思考题

（1）思考并总结我国财政在民生领域的常见支出项目。

（2）我国对农村义务教育学生提供营养膳食补助具有哪些现实意义？为什么要对这一群体给予特殊的帮扶？

（3）观察当前我国基础教育发展还存在哪些不平衡问题，进一步思考如何

---

① 张春铭：《营养改善计划如何增强一代人体质》，《中国教育报》，2021 年 12 月 24 日第 3 版。

解决发展不平衡的问题。

三、教学设计

（一）归纳我国民生领域常见财政支出项目

（1）课堂讨论：组织小组讨论，激发学生思考。把学生分成不同的小组，启发学生自行讨论我国财政聚焦民生领域的支出项目，让学生在讨论中不断思考和总结。

（2）教师讲解：经过讨论，教师带着学生一起查缺补漏，系统地总结我国财政在民生领域的常见支出项目，加深学生的理解和记忆。

（3）课后学习：学习本案例后，学生可以就我国财政民生支出项目进一步查阅相关资料进行拓展学习。

（二）探讨对农村义务教育学生提供营养膳食补助的意义

（1）教学形式：寓教于乐，激发学生学习兴趣。教师给学生布置关于农村义务教育学生获得营养餐及其成效的视频查询任务，以多样化的教学形式，让学生切实感受到这一群体得到帮助的幸福情景，进而理解我国财政针对这一群体进行补助的现实意义。

（2）教师讲解：解释说明我国的财政民生支出项目——营养改善计划能够切实提高我国欠发达地区孩子的生活水平，强调我国民生财政的作用。

（三）分析我国基础教育发展存在的不平衡问题

（1）教学形式：线上线下相结合。安排学生在课前自行查阅相关资料和数据。通过城乡人均收入、乡村小学和教学点被撤并的数据、财政性教育经费投入、与教育相关的转移支付等数据和图形分析，让学生体会到我国基础教育发展的不平衡问题。通过对比近几年的数据，能看出城乡教育差距在缩小，进而理解我国政府这几年针对农村地区的教育政策对于解决基础教育发展不平衡的重要作用。

（2）小组汇报：学生就自己所查阅的资料在课堂上进行分享汇报，并表达自己关于相关问题的心得与看法。

（3）教师讲解：解释说明我国基础教育在城乡之间、各地区之间存在的发展不平衡问题，针对问题提出解决办法。

四、理论依据与具体分析

（一）理论依据

1. 有效市场和有为政府理论

有效市场和有为政府理论与市场失灵理论相关。市场通过"看不见的手"即供求机制、价格杠杆等发挥市场调节作用，表现为"有效市场"。面对公共物品缺失、外部效应、垄断等市场失灵现象，政府及时纠偏弥补市场机制的不足，表现为"有为政府"。社会主义生产的目的就是要用有限的资源满足人们的最大需要，市场这只"看不见的手"被认为是资源配置有效的最佳手段，但是在社会公平问题上，政府的调控往往更能发挥出作用。此案例中，营养改善计划是政府通过非市场机制，对农村地区的学生这一群体提供倾斜补助来促进社会公平，体现出"有为"政府。

2. 福利经济学"福利最大化"原则

福利经济学之父庇古根据边际效用基数论提出两个基本的福利命题：国民收入总量愈大，社会经济福利就愈大；国民收入分配愈是均等化，社会经济福利就愈大。所以，要提高社会福利水平，一是提高国民收入总量水平，二是提高国民收入分配均等化水平。根据边际效用递减理论，穷人财富水平的增长所增加的效用远大于富人减少相应财富水平所降低的效用，当对富人征更多税并给予穷人更多补贴时，社会整体获得的效用水平将提高。案例中的营养改善计划通过政策倾斜，对农村学生这一特殊群体进行补助，让义务教育阶段的孩子能够得到营养保障，提高身体素质。这样一项重要的人力资本投资，有助于提高我国社会福利整体水平，促进我国社会和谐稳定发展。

（二）具体分析

1. 我国财政民生支出的主要项目

我国财政在民生领域的常见支出项目主要分为五个大类，分别是教育支出、社会保障支出、就业支出、卫生健康支出、文化旅游体育与传播支出。

教育支出是指政府用于维持和发展各类教育事业的经费支出。其目的是促进教育的高质量发展，通过加大教育财政方面的投入，让教育资源向我国的欠发达地区倾斜，推动义务教育这一基本公共服务均等化。广义的社会保障支出包括社会保险基金中的养老保险、医疗保险、失业保险、生育保险、工伤保险等五个险种的支出以及一般公共预算中直接用于社会保障方面的支出。就业支出指的是我国财政关于就业保障方面的支出，如通过增加就业补助资金以及相关的各类资金，帮扶重点群体和弱势群体就业，或防止其失业。卫生健康支出旨在推动健康中国建设，采取适当提高医保的人均财政补助标准，提高基本公共卫生服务经费的人均财政补助标准等具体措施，来提升我国人民在面对突发疾病、重大疾病时的应对能力。文化旅游体育与传播支出旨在健全公共文化服务财政保障机制，完善相关资金管理[①]。

2. 实施欠发达地区农村义务教育学生营养改善计划的意义

儿童是民族的希望、国家的未来，但也是最易受到贫困冲击的脆弱群体。儿童营养和健康状况直接关系到一个国家的人口素质、发展水平和国际竞争力。我国弱势儿童群体数量庞大，受长期存在的城乡二元结构、城乡发展不平衡等结构性因素的影响。在我国营养改善计划实施之前，广大欠发达地区尤其是交通不便、经济落后的乡村，留守儿童及青少年的膳食营养不均衡、维生素A等关键营养素缺乏等问题非常严重，农村儿童的健康状况不容乐观。

基于此，我国从 2011 年开始推出全国农村九年义务教育学校营养餐项目。《农村义务教育学生营养改善计划 10 周年评估报告》显示，2011 年以来，中央财政累计安排学生营养膳食补助资金达 1967.34 亿元，每年超过 3000 万名学生受益，农村地区学生营养状况得到明显改善。虽然财政支出巨大，但是取得的效果也是明显的。营养改善计划消除了欠发达地区义务教育阶段学生饥饿和营养不良问题，增加了学生身高，改善了健康测评结果，对受资助群体健康改善明显。在宏观层面，政府加大人力资本投资以提升农村学生的体质健康、运动能力和学习能力，促进了教育公平，为未来共同富裕奠定了人力基础。

3. 我国基础教育发展"不平衡"的表现及解决对策

（1）我国基础教育发展"不平衡"问题的主要表现。

基础教育在城乡间、区域间存在发展不平衡。总体而言，自改革开放以来，各区域的城乡居民生活状况都得到了持续的改善，基本公共服务均等化程度有所提高，教育、医疗卫生、社会保障等方方面面都有了很大的提升。但不可否认的是，与东部地区相比，中西部地区的经济社会发展水平仍存在着较大的差距，基本公共服务尚未实现优质均衡发展，农村居民享受的基本公共服务质量整体上弱于城市居民。部分欠发达地区和农村地区的家庭整体收入不高，

---

① 王震：《财政部晒民生支出账本：从五大方面加强基本民生保障》，http://finance.people.com.cn/n1/2021/0730/c1004-32176385.html。

保障孩子的营养餐尚存在困难，对教育的重视程度远远不够。由于农村居民居住地相对分散，随着少子化时代的到来与城镇化的不断推进，各地撤并乡村小学及教学点的步伐加快，农村儿童就近入学比较困难是个突出问题。基于工作环境和薪酬等因素，优秀教师存在从乡村向城镇、从城镇向城市、从不发达地区向发达地区单向流动态势。现有乡村教师的教学能力有限，教学质量存在城乡差距。优秀师资流失加剧优质生源的流失，进一步削弱了乡村教育的发展基础。农村留守儿童家庭比较多，部分家长缺少对孩子身心健康成长的关爱，这一环境因素加剧了义务教育质量的城乡差距。

（2）坚持新发展理念，促进教育公平。

为了解决上述所提及的基础教育发展不平衡的问题，必须坚持协调和共享的发展理念。在制定发展政策的时候，要充分重视公平性，加强对欠发达地区以及特殊群体的帮扶，使其能够享受到国家发展的成果，能够在共建共享发展中拥有更多的获得感，持续推进人的全面发展、全体人民的共同富裕。同时，强调发挥政府的宏观调控功能，积极出台财政政策，如推进税收制度改革，进一步保障我国社会财富分配环节的公平性，加大对欠发达地区的转移支付，保障欠发达地区也能享受到较高质量的基础教育，持续推进基本公共服务的均等化。

（段海英　彭　连）

参考文献

［1］范逢春.基本公共服务均等化如何推动共同富裕？［J］.理论与改革，2023（2）：97－108.

［2］顾一雪.乡村振兴视域下农村基本公共服务均等化研究［J］.经济研究导刊，2022（21）：33－35.

［3］何伟全.习近平"人民中心"思想体系及其核心价值［J］.楚雄师范学院学报，2021，36（5）：1－7.

［4］惠梦."加餐"10年，长高10厘米［N］.中国财经报，2022－01－06（7）.

［5］吴月.营养改善计划惠及农村学生3.5亿人次［N］.人民日报，2022－10－09（1）.

［6］徐赵平，潘荣华.马克思主义公平观视阈下我国公共卫生服务均等化历史发展与实施路径［J］.锦州医科大学学报（社会科学版），2019，17（3）：1－5.

［7］许光建.完善国家治理，加快解决发展不平衡问题［J］.国家治理，2017

（43）：26—28.

［8］张国. 国家给农村孩子"加餐"十年：多了一元钱，高了十厘米 ［N］.
　　 中国青年报，2021—12—22（8）.

［9］张卫. 加强和改进营养改善计划工作　持续提升农村学生营养状况和身体
　　 素质 ［J］. 中国食品，2022（22）：10—17.

案例 2-3 后发到领跑：贵州省大数据基础设施与交通基础设施建设的"双轮驱动"

【案例简介】

贵州省位于我国西南部，境内地势西高东低，平均海拔 1100 米左右，绝大部分面积是山地和丘陵，喀斯特地貌约占 62%，破碎多山的地貌不仅限制了贵州省的农业和基建，而且使这里长期交通闭塞，经济发展相对滞后。2011 年国家划定 14 个集中连片特困地区，其中武陵山区、乌蒙山区和滇黔桂石漠化区覆盖了贵州省的 71 个市县。

近年来，贵州省在国家发展战略和财政支持的指引和鼓励下，紧抓发展机遇，大力推动经济社会转型升级，尤其是在大数据基础设施和交通基础设施建设方面表现突出。通过大数据与交通基础设施投资的"双轮驱动"，成功转变了其在过去因地理位置较为偏远而造成的发展劣势，实现了从"后发"到"并跑"，再到"领跑"的历史性跨越，为区域经济发展和国家战略实施贡献了积极力量，也为其他地区提供了可借鉴的宝贵经验。

贵州省凭借其得天独厚的地理优势和气候条件，成功打造了一系列高标准的数据中心和云计算基地，被列为国家大数据综合试验区，吸引了众多国内外知名企业和机构的投资。自 2013 年提出"大数据产业发展战略"起，贵州省对大数据产业发展给予足够的重视，抓住大数据这一发展核心，逐渐成为全国大数据的核心区域。贵州省在 2014 年成立大数据产业发展领导小组，着力加快大数据基建投资，大力引进和培育大数据企业，推动大数据成为贵州省经济社会发展的新引擎。贵州省开始重点发展大数据相关产业以来，全省 GDP 从 2015 年的 1.05 万亿元增加至 2022 年的 2.02 万亿元，近 10 年来 GDP 增速位居全国前列，数字经济增速连续 7 年全国第一[①]。

与之相适应，"新基建"也成了贵州省发展的重要任务。2022 年 10 月，贵州省人民政府印发《贵州省新型基础设施建设三年行动方案（2022—2024 年）》，提出构建高层次高水平新型基础设施体系，推动数字经济与实体经济融合发展，并且到 2024 年基本建成"大数据优势突出、通信网络基础稳固、转型支撑有力、创新资源集聚、安全可控可信的贵州特色新型基础设施"[②]。行动方案指出，"新基建"建设的第一项重点任务就是大数据基础设施建设。从建设算力枢纽节点数据中心集群和输送通道，到部署高速光网和骨干网、搭建"东数西算"算力网，再到构建大数据安全基础设施、建设贵阳大数据科创城，贵州省在打造"新基建"工作中抓住了大数据基础设施建设这一主线，着力培养大数据产业这一新引擎，以新的数字化经济发展模式带动经济增长。

为此，政府部门也出台了一系列优惠政策和措施，为贵州省大数据基础设施建设提供了有力的支持。贵州省人民政府实施大数据战略行动，批准设立"贵州省大数据发展专项资金"，省级财政预算安排用于改善贵州省大数据产业发展环境，推动大数据战略，促进数字经济成长；中央财政也安排了大量专项资金用于贵州省大数据基础设施建设和人才培养，近几年对于贵州省大数据创新发展试验区的建设累计投入了数十亿元资金。

此外，地方政府针对大数据产业的企业，推出了税收减免、租金补贴、人才引进等系列优惠政策，例如对高新技术企业给予 15% 的所得税优惠税率，以及对软件和集成电路产业给予增值税和企业所得税的减免。这些政策使得大量的大数据企业和创业团队选择在贵州省落户，带来了技术和资本的双重红利。同时，贵州省将大数据建设和精准扶贫相结合，在 2015 年推出了"扶贫云"大数据系统，系统注册用户突破 40 万人，在贵州省的脱贫攻坚战中起到了重要作用，进一步巩固了政府脱贫攻坚成果。2021 年贵州省共计完成新建 5G 基站 2.7 万个，实现了从"县县通"到"乡乡通"的跨越[③]。

在交通基础设施建设方面，贵州省充分利用其复杂的地形地貌，大胆创新，建设了一批连接省内外、具有重要战略意义的交通枢纽和通道，有效推动了地区经济的快速发展和区域一体化进程。截至 2023 年 10 月，贵州省建成公

---

① 张伟：《贵州：GDP 增速连续 10 年位居全国前列》，https://www.sohu.com/a/574033872_123753。

② 贵州省人民政府办公厅：《贵州省新型基础设施建设三年行动方案（2022—2024 年）》，2022 年。

③ 曾帅：《2021 年贵州大数据领域各项指标超额完成》，《贵州日报》，2022 年 2 月 13 日第 4 版。

路 20 余万公里，已建和在建桥梁近 3 万座；世界前 100 名高桥近半数在贵州，中国获"世界桥梁界诺贝尔奖"之称的"古斯塔夫斯·林德撒尔奖"的 9 座桥梁中，贵州占 4 席①。勤劳智慧的交通建设者创造出了许多亘古未闻、世界首创的设计方法，完成了一个又一个不可能的任务。

贵州省交通基础设施的建设奇迹解决了过去的"交通瓶颈"问题，也吸引了大量的大数据应用企业来贵州省落户，极大地推动了大数据产业的发展，数据中心、研发机构和各种大数据应用企业都在贵州省设立了分支机构或总部。在大数据产业快速发展的同时，许多外地的技术人才也被吸引到贵州省，提升了贵州省的人才素质。

为了更好地服务大数据产业建设，贵州省提出了"五通一平"（高速公路、高铁、航空、数据、电力通畅，土地平整）的基础设施建设目标，中央财政对此进行了大量投入。据统计，仅在 2015—2020 年，中央就为贵州省的基础设施建设提供了超过 5000 亿元的专项资金支持。同时，为了进一步激发基础设施建设的活力，贵州省人民政府还鼓励和支持地方政府发行债券，吸引社会资本参与其中。"十三五"期间，贵州省的交通建设速度在全国范围内名列前茅，新建和在建的高速公路、高铁、机场等项目超过 50 个。2020 年，贵州省新增高速公路达到 2486 公里，全省高速公路总里程突破 7600 公里②。除了高速公路，贵州省还加大了铁路、机场和公路的投资力度，贵阳至兴义、遵义至安顺等重要的铁路线路都已经开通或处于建设中。

在国家和地方政府的大力支持下，贵州省实现了大数据基础设施建设与交通基础设施建设的"双轮驱动"。"新基建"和"老基建"的并驾齐驱，不仅改变了经济结构，也为全国提供了一个成功的发展示范，实现了向数字化经济转型和经济社会的跨越式发展。大数据产业的快速发展不仅为贵州省带来了大量税收，使得地方政府有更多的资金用于教育、医疗、文化等领域，提高了人民的生活质量，还促进了就业，带动了相关产业的发展。交通基础设施的完善不仅使贵州省内部原本较为落后的地区得到了便利与发展，也使得贵州省与全国的连接更为紧密，进一步吸引了外地企业和投资，促进了大数据和数字经济产业以及经济发展。

---

① 周璇、刘义鹏：《万桥飞架起 当惊世界殊！》，http://jgz. app. todayguizhou. com/news/news-news_detail-news_id-11515116106330. html。

② 张德：《突破 7600 公里！贵州高速公路总里程"十三五"期间继续保持全国前列》，https://movement. gzstv. com/news/detail/rj2l8/。

【案例使用说明】

一、教学目标

（一）知识目标

（1）掌握政府投资范围和作用。

（2）理解财政投资乘数效应等经济学原理在实际中的应用。

（3）了解"新基建"与"老基建"的区别。

（二）能力目标

（1）引导学生分析贵州省大数据基础设施和交通基础设施的投资效应，增强学生的分析判断和综合运用能力。

（2）在课堂讨论环节，要求学生组队来讨论某个地区政府基础设施投资策略，锻炼学生的分析能力和团队合作能力。

（3）培养学生的独立思考和创新思维能力，鼓励他们从不同的角度看待贵州省大数据基础设施投资获得成功的原因，增强对知识的深度理解。

（三）思政目标

（1）通过贵州省解决交通瓶颈问题的成功经验，使学生明白创新的重要性。鼓励他们在未来的学习和工作中，始终保持探索和进取的精神。

（2）强化学生的自豪感和使命感。通过贵州省在"老基建"和"新基建"领域的建设成就展示，增强学生的自豪感，鼓励他们在未来为科技创新和社会经济发展做出自己的贡献。

二、启发思考题

（1）财政投资对欠发达地区的经济发展有哪些作用？

贵州省在大数据基础设施建设和交通基础设施建设方面获得了中央财政和省级财政的大量支持。请探讨政府投资对于推动欠发达地区经济发展、产业升级的作用。

（2）对比分析政府在大数据基础设施和交通基础设施投资方面的特点。

在贵州模式中，大数据基础设施和交通基础设施建设是贵州省人民政府投资的两个关键点。请对比大数据基础设施和交通基础设施投资的特点。

（3）贵州省的"双轮驱动"发展模式能提供哪些具体可行的参考和借鉴？

贵州省通过大力发展大数据基础设施和交通基础设施，成功转变了其地理位置较为偏远所带来的发展劣势，实现了经济社会的转型升级。请分析"双轮驱动"模式带来的启示。

三、教学设计

（一）归纳总结财政投资对欠发达地区经济发展的作用

（1）教师讲解：教师首先介绍财政投资的概念和作用，同时特别侧重介绍其在欠发达地区经济发展中的关键作用。教师可以结合本案例数据，以支持和丰富讲解内容，加深学生的理解。

（2）课堂讨论：将学生随机分成不同小组，在课堂上共同讨论财政投资对欠发达地区经济发展的具体作用。每个小组可以就不同方面，如基础设施建设、就业机会、产业发展等进行探讨。鼓励学生结合自己在生活中的体验或感受进行思考和讨论，提出各自的观点和案例。

（3）课后学习：通过布置课后检测题，检查学生对基本概念和基础知识的掌握情况。

（二）对比分析政府在大数据基础设施和交通基础设施投资方面的特点

（1）情境模拟，师生互动教学。教师可以在课堂上开展"政府投资模拟活动"，让学生按照随机分配的组别，代入政府公共部门的角色，根据课上所学专业知识、讨论内容以及课前预习，针对大数据基础设施和交通基础设施两个板块来进行模拟投资，思考其中的特点和差别。

（2）教师讲解：教师在课堂上提供相关的背景信息和理论知识，以帮助学生更好地理解政府在这两个领域的投资特点。教师可以强调政府的战略目标、政策动机以及对经济和社会的影响，讲解政府在大数据基础设施和交通基础设施方面的不同考虑因素和决策依据。

（三）探讨贵州省"双轮驱动"发展模式带来的启示

（1）课前预习：鼓励学生在课前自行查找并且计算贵州省 2015 年以来相关经济发展的数据，如地区生产总值及其增速等，了解贵州省加大力度发展大数据基础设施建设以及交通基础设施建设之后经济发展的变化，进而深刻理解"双轮驱动"发展模式对于地区经济的促进作用。

（2）小组汇报：请学生结合贵州省的实际情况和自己家乡的实际情况，以小组为单位分析贵州省发展策略给自己家乡的基础设施建设带来的经验和启示，并在课堂上进行汇报展示。或者选择一个同样面临经济发展滞后、地理位置不利等问题的地区，分析贵州省的发展模式能提供哪些具体可行的参考和借鉴。

四、理论依据与具体分析

（一）理论依据

1. 投资的乘数效应

在宏观经济学中，政府投资可以带动数倍于初始投资规模的国民经济的增长。这是因为初始投资是用来购买制造投资品所需要的全部生产要素，以工资、利息、利润、租金的形式流入生产要素所有者中，从而带来国民收入的第一轮增加。若存在边际消费倾向（小于1）的情况，新增的国民收入会有一部分用于购买消费品，进而以工资、利息、利润、租金的形式流入生产消费品的生产要素所有者中，引起国民收入第二轮增加。同样，在边际消费倾向的影响下，消费品生产者会把第二轮新增收入中的一部分用于购买消费品，引起国民收入第三轮增加。如此循环往复，最终导致国民收入数倍于初始投资的增加。投资乘数指国民收入的变化与带来这种变化的投资支出变化的比率。本案例中，贵州省在大数据和交通基础设施建设中的中央和地方政府的投资不仅直接增加了 GDP，还带动了相关产业的发展，进而产生更大的经济效益，产生了投资乘数效应。

2. 市场失灵理论

现实经济中，由于存在公共物品、外部性、垄断、信息不充分等现象，仅仅依靠市场机制来配置资源无法达到帕累托最优状态，出现了市场失灵。由于交通基础设施投资规模较大、回收期长、回报率低，社会资本往往不能进入或不愿意进入，存在市场失灵现象。贵州省欠发达山区多，山势险峻，道路桥梁的修建难度高且投资量巨大，当地企业和居民无法通过支付使用费的形式承担桥梁和道路的修建和维护费。单纯依靠市场的力量无法修好那么多座桥梁，天堑也无法变通途。我国政府在贵州偏远地区投资建设高速公路、铁路、桥梁等基础设施，有效解决了市场失灵问题，改善了当地交通条件，促进了当地经济发展。

（二）具体分析

1. 财政投资推动欠发达地区经济发展

首先，通过提供财政支持，中央和省级政府能够为基础设施建设、大数据产业发展和人才培养提供必要的资金保障。在贵州省的案例中，大数据基础设施和交通基础设施的建设得到了大量的财政支持，不仅直接推动了这两个领域的发展，也对整个地区的经济社会发展产生了积极的拉动效应。根据乘数效应理论，政府投资能够在经济体中产生连锁反应，引发更多的消费和投资，最终实现经济的多倍增长。

其次，财政投资在这一过程中还起到了投资引导、风险缓解、政策信号的重要角色。第一，财政资金的投入引导了社会资本的流向，促使更多的投资集中在推动经济发展和产业升级的关键领域。政府的投入能够弥补基础设施投资领域的市场不足，促进资源的有效配置。第二，对于私人投资者而言，财政支持降低了投资风险，增加了欠发达地区对社会资金的吸引力。第三，中央和省级财政的支持显示了政府推动该地区发展的决心和承诺，向市场发出了积极的政策信号。

最后，在缓解投资风险方面，政府投资降低了私人投资者的投资风险，增强了投资者的投资信心和决心。通过提供各种财税优惠政策、补贴和资金支持，政府为投资者营造了一个更加稳定和可预测的投资环境，降低了投资成本，提高了投资回报预期。从政策信号的角度看，中央和省级政府通过财政政策发出了积极的政策信号，对于提振市场信心、吸引外部投资、促进经济增长具有重要意义。

2. 交通基础设施和大数据基础设施投资的对比分析

首先，投资特点各有不同。交通基础设施建设通常需要巨额的资金投入，建设周期长，回报周期也相对较长。这类投资在初期可能不会立即产生经济效益，但长远来看，其对地区经济社会发展的促进作用是巨大的。交通基础设施的完善能够极大地改善地区的交通状况，提高人流和物流的运输效率，为地区经济发展打下坚实的基础，还能通过显著的正外部性引发更广泛的经济活动，带动整个地区经济的快速增长。相对而言，大数据产业是一种技术密集型产业，其发展速度快，基础设施方面的相关投资回报周期相对较短。这种产业能够快速适应市场变化，更容易实现产业升级和结构优化，直接推动高技术产业的发展和经济增长方式的转变。所以，尽管大数据基础设施投资有较高的风险，但其高投资回报率使其得到不少社会资本的青睐。

其次，投资的经济效应有不同的表现。交通基础设施建设是整个地区经济发展的基础环节，对促进地区经济社会发展具有基础性和全局性的作用。交通基础设施的建设能够创造大量的就业机会，带动相关产业的发展，发挥积极的拉动效应。大数据基础设施的投资相对来说更需要较强的创新能力、资金和人才的支持，能够与传统基础设施产生良好的相互促进效果。大数据产业作为新兴产业，能够吸引大量高素质人才，推动地区科技水平的提升，对促进产业结构升级和经济增长方式转变具有直接的重要作用。

最后，投资对未来经济影响的侧重点不同。交通基础设施投资更多地扮演着打基础、利长远的角色，形成了若干交通枢纽，为人员流动和货物贸易提供便利。大数据基础设施投资则更注重于产业升级和经济结构优化，直接推动高技术产业的发展和经济增长方式的转变，产生不可估量的叠加效应、乘数效应，为基于网络的资金跨地区流动和服务贸易提供便利。

3. 贵州省"双轮驱动"发展模式带来的启示

首先，贵州省抓住了大数据发展这一条较好的创新之路，通过"集中力量办大事"的策略，重点发展具有战略意义的数字化新兴产业。由于地理位置的劣势，贵州省在传统产业领域自身很难实现跨越式发展。但贵州省具有常年低温、气候凉爽，水电资源丰富、电价低等优势，适合建设超大型数据中心直联网络。推进新型基础设施建设这一战略选择体现了贵州省对自身比较优势的深刻认识和对未来发展趋势的准确判断，不仅突破了地理因素的制约，还通过科技创新推动了产业转型升级，为地区经济发展注入了新的强劲活力。

其次，在推动新兴产业发展的过程中，贵州省充分发挥了财政资金的引导作用，运用财政政策的主动性，有效缓解了市场失灵对于经济带来的影响和冲击。政府通过提供资金支持、税收优惠等政策，引导社会资本投入大数据等战略性新兴产业，帮助这些产业在初创阶段渡过资金短缺的难关，创造了大量就业机会，还带动了相关产业的发展，产生了明显的正外部性。同时，政府对大数据基础设施的投资还引发了乘数效应，带动了地区经济的全面增长。

最后，贵州省认识到了大数据产业的技术密集性与人才储备及供应的密切关联，清楚地认识到了人才对产业发展的重要性，高度重视人才的培养。在校企合作方面，贵州省注重从企业的实际需求出发培养大数据人才，促进数字技术人才的本土化。贵州省集合6所高校与微软公司共建贵州微软IT学院，并且与阿里巴巴集团合作成立贵州理工大学阿里巴巴大数据学院，为更多的学生、技术人才提供软件开发、数据安全等应用层面的技术。同时依托贵州大学积累的学术优势来共同建设公共大数据国家重点实验室，并与西安电子科技大学、浙江大学等高校以及中兴、腾讯等企业合作研发"全流程可追溯的数据溯用监管技术"，促进技术研发的本土化。通过推进互联网龙头企业、国家科研平台与高校在信息技术上的培训合作，助力政产学研一体化。

（何　楠）

参考文献

[1] 方亚丽. 夯实数字化基础　促进新经济发展——贵州大力推动数字化基础设施建设实现重大突破 [J]. 当代贵州，2020（33）：38-39.

[2] 黄娴. "大数据"守护贵州"大生态" [N]. 人民日报·海外版，2023-07-04（8）.

[3] 梁惠秀. 广西数字经济发展的现状、挑战与对策——与"贵州模式"的对比 [J]. 广西经济，2023，41（1）：14-19.

[4] 刘芮伶. 大数据如何影响政府治理能力——基于贵州的实证研究 [J]. 理论月刊，2023（3）：37-48.

[5] 谭建，冯瑞杰，肖诗韵. 贵州大数据产业与经济耦合协同发展研究 [J]. 边疆经济与文化，2023（6）：20-23.

[6] 田江韬，王倩，董钧. 聚焦数字经济"解剖麻雀"服务贵州高质量发展 [J]. 中国税务，2023（8）：76-77.

[7] 熊超，王品，肖建雄，等. 基于投入产出表的贵州省大数据相关产业网络结构分析 [J]. 绿色科技，2023，25（7）：267-271.

[8] 许邵庭，陈曦，曾书慧. 2023中国国际大数据产业博览会在贵阳隆重开幕 [N]. 贵州日报，2023-05-27（1）.

[9] 左孝凡，陆继霞. 从脱贫攻坚到共同富裕：数字技术赋能贫困治理的路径研究——贵州省"大数据帮扶"例证 [J]. 现代经济探讨，2023（8）：96-107+132.

案例 2-4
北京冬奥会的绿色低碳探索

【案例简介】

  2022 年北京冬奥会在奥运历史上首次实现全部场馆 100％绿色电能（"绿电"）供应。这些"绿电"主要是指河北张家口的光伏发电和风力发电。通过张北可再生能源柔性直流电网试验示范工程（以下简称"张北柔直工程"）输入北京电网，冬奥场馆获得了太阳能及风能等清洁能源产生的"绿电"。"张北的风点亮北京的灯"，这是一场风驰电掣般的科技与绿色的碰撞，展现了中国发展清洁能源的信心和决心，营造了低碳环保的社会氛围，也成就了一个清洁和美丽的冬奥盛会。

  "张北柔直工程"是冬奥场馆"绿电"供应和保障的核心，该工程是电力发展"十三五"规划的重点电网工程和重大创新工程，于 2018 年 2 月由国家电网有限公司开工建设，2020 年 6 月竣工投产。该工程由中央直接管理的国有独资公司国家电网有限公司采取多种形式筹措资金，在技术上攻坚克难，为破解新能源大规模开发和消纳的世界级难题提供了"中国方案"。工程创造了"世界上第一个真正具有网络特性的直流电网""世界上第一个实现风、光和储能多能互补的直流电网""世界上最高电压等级最大容量的柔性直流换流站"等 12 项世界第一。2019 年 1 月起，风能、太阳能等清洁能源开始源源不断地输送至北京各个场馆，冬奥会赛区内"绿电"使用率达到 100％。有了这个工程，冀北地区每年向首都的输电量能解决北京年用电负荷的 20％左右[①]。2022年 2 月 15 日北京新闻中心"双奥之城·看典"互动展示活动上，国家电网北

---

  ① 杨帆、赵鸿宇、郭雅茹：《"张北的风点亮北京的灯" 这个中国故事我来讲》，http://www.news.cn/local/2022-01/29/c _ 1128314290. htm。

京市电力公司冬奥办主任杨志东介绍，到北京冬残奥会结束时，冬奥会场馆消耗"绿电"约 4 亿度，这相当于减少标煤燃烧 12.8 万吨，减排二氧化碳 32 万吨。此外，该公司研发运用了首台氢动力发电车，可将氢能源转换为电力，没有噪声也没有排放，能够为场馆应急发电。

北京冬奥会除了使用"绿电"以外，还带来了周边地区生态环境改善。河北省张家口赛事核心区所在地的崇礼从曾经"沙源地"变成了绿树成荫。张家口市是京津冀地区重要的水源涵养功能区，是我国阻挡风沙南侵的重要生态屏障。20 世纪 70 年代起，张家口市崇礼区相继实施了三北防护林、首都周边绿化、京津风沙源治理等国家级重点绿化工程，以改变脆弱的生态环境。随着北京冬奥会的筹办，崇礼区植树造林力度空前，生态环境得到显著改变。2018 年，在当地政府引导下很多村庄承担了政府购买服务的造林项目。2019 年 3 月，国家发展改革委办公厅和国家林草局办公室印发《河北省张家口市及承德市坝上地区植树造林实施方案》。实施方案所需投资 34.86 亿元由中央、河北省和北京市共同承担。其中，中央预算内投资定额补助 20.95 亿元，北京市安排 5.23 亿元，河北省安排 8.68 亿元，支持实施方案顺利推进，改善区域生态状况[①]。参与植树的村民每年保质保量植树，后期还要进行维护确保成活率，确保了森林资源的可持续性发展。全区完成各类营造林工程面积 109.23 万亩。其中赛事核心区实施造林绿化面积 3.08 万亩，森林覆盖率达 80％以上[②]。

2022 年北京冬奥会已是一届载入史册的奥运盛会，运动员们在比赛中诠释着"更快、更高、更强——更团结"的奥林匹克格言，绿色能源、绿色交通、低碳场馆向全世界讲述着"更绿、更美、更可持续"的中国故事。

【案例使用说明】

一、教学目标

（一）知识目标

了解并学习财政对于绿色发展的支持，如在收入方面征收环境保护税，在

[①] 国家发展改革委办公厅、国家林草局办公室：《国家发展改革委办公厅 国家林草局办公室关于印发〈河北省张家口市及承德市坝上地区植树造林实施方案〉的通知》，https://www.gov.cn/zhengce/zhengceku/2019-10/09/content_5437570.htm。

[②] 李凤双、范世辉、郭雅茹等：《白色"雪国"的绿色实践》，《河北日报》，2022 年 1 月 10 日第 4 版。

支出方面增加节能环保支出，建立生态文明建设奖补机制等。

（二）能力目标

锻炼系统思维以及总结归纳能力，以绿色发展为切入点，引导学生总结归纳财政在支持绿色发展方面的政策举措，对财政的经济稳定和发展职能形成更为系统的认识。

（三）思政目标

（1）宣扬绿色和可持续发展理念，培养自身的绿色环保意识。

（2）展现北京冬奥会成功举办的巨大成就，增强学生的民族自豪感。

二、启发思考题

（1）结合本案例以及所学知识，列举一些财政支持绿色发展的政策及举措。

（2）运用课程所学知识分析绿色奥运成功举办的原因。

（3）"张北柔直工程"多项第一的获得说明了什么？

三、教学设计

（一）讨论与绿色发展有关的财政政策及举措

引导学生从财政收入、支出以及转移支付制度安排等方面总结与绿色发展的相关政策举措，锻炼学生的系统思维能力。如在财政支出方面增加环境保护支出，实施生态保护转移支付等。

（二）探讨绿色奥运成功的原因

引导学生从案例中总结归纳答案。首先，始终坚持绿色发展理念，运用科技助力绿色办奥运；其次，政府通过各种方式增加对新基建项目的政府投资；最后，政府为绿色办奥运提供了充足的资金支持。

（三）总结"张北柔直工程"展现的中国自信

北京冬奥会的成功举办以及"张北柔直工程"多项第一的获得都展现了我国综合国力显著提升、国际影响力提高，有助于增强学生的民族自豪感。

具体教学设计如表1所示。

表 1　案例 2-4 教学设计

课程设计	学习内容	学生活动	学习目标
案例引入	以北京冬奥会成功举办以及本案例引入课堂讲授内容	了解案例内容，思考其中的知识点	吸引学生的学习兴趣
专业知识讲解	讲解环境保护支出等财政支出基础知识	听讲解	掌握基础专业知识
	请学生自主思考在保护环境、支持绿色发展方面的财政举措	自主思考并发言	提升系统学习能力
	教师介绍可持续发展理论	听讲解，增加了解	了解我国的可持续发展理论，培养自身的绿色环保意识
思政元素	引导学生结合成功举办的北京冬奥会以及本案例内容谈感受	在教师引导下小组讨论	增强学生的民族自豪感

四、理论依据与具体分析

（一）理论依据

1. 外部性理论

外部性是指私人成本与社会成本或私人收益与社会收益的非一致性。正外部性是某个经济行为主体的活动使他人或社会受益，而受益者无须花费成本。负外部性是某个经济主体的活动使他人或社会受损，却没有为此承担代价。在一般情况下，环境资源配置活动容易产生负外部性。企业作为市场主体追求自身利益最大化，很有可能通过向自然环境排放未经规范处理的废水、废气、废渣等污染物，从而实现自身获利，造成外部环境污染，产生负外部性。单纯依赖市场调节很难处理环境领域的负外部性。

2. 可持续发展理论

可持续性是指在无限的未来里，系统正常运转而不会耗尽关键资源的一种能力。按照 1987 年世界环境与发展委员会在研究报告《我们共同的未来》中的定义，可持续发展是既满足当代人需要，又不对后代人满足其需要的能力构成危害的发展①。可持续发展核心思想是健康的经济发展应建立在可持续生存能力、社会公正和人民积极参与发展决策的基础上。衡量可持续发展主要包括

---

① 《发展经济学》编写组：《发展经济学》，高等教育出版社，2019 年，第 347 页。

三个方面指标：生态、经济和社会。生态的可持续发展是基础，经济可持续发展是前提，社会的全面进步是可持续发展的目标。

（二）具体分析

1. 支持绿色发展的相关财政政策及举措

（1）通过政府购买方式推进人工造林。河北很多村庄承担了政府购买服务的造林项目，造林力度空前。以张家口市崇礼区为例，该区累计投资约 34.8 亿元，完成各类营造林工程面积 109.23 万亩。其中赛事核心区实施造林绿化面积 3.08 万亩，森林覆盖率达 80% 以上[1]。政府的植树造林带来了林业碳汇。除了获得中国石油、国家电网、三峡集团三家企业赞助的国家核证自愿减排量（CCER）以外，北京冬奥会组委会接受了主办城市捐赠的林业碳汇用于抵消无法避免及无法减排的碳排放。北京市人民政府、河北省人民政府委托专业机构完成了相应碳汇量的监测与核证工作，分别将 2018 年 1 月至 2021 年 8 月期间北京市 71 万亩新一轮百万亩造林绿化工程的碳汇量和 2016 年 1 月至 2021 年 11 月期间张家口市 50 万亩京冀生态水源保护林建设工程的碳汇量无偿捐赠给北京冬奥组委[2]。通过这一系列的操作，北京冬奥会赛事结束时兑现了 100% 碳中和的承诺。

（2）通过投资、补贴等方式推进光伏产业的发展。2017 年，河北突出重点区域的脱贫攻坚，对 5000 个贫困村每村支持 50 万元，建设 4000 个光伏扶贫电站[3]。除了在北京及张家口周边建设集中式光伏"田"以外，政府还打造了光伏廊道。张家口市宣化区京张奥运迎宾光伏廊道采取"林光互补""农光互补""土地流转"等多种模式，利用当地优越的自然光照资源，在主要公路两侧山坡上建光伏发电场，在美化公路两侧山坡的同时，还使项目区及周边贫困家庭通过光伏扶贫实现增收。为进一步促进河北光伏产业的健康发展，河北省人民政府对全省光伏发电项目提供电价补贴政策。总体而言，在政府的推动下，河北光伏产业健康发展，实现了资源环境与经济协调发展的"双赢"。

---

[1]　李凤双、范世辉、郭雅茹等：《白色"雪国"的绿色实践》，《河北日报》，2022 年 1 月 10 日第 4 版。

[2]　胡雪蓉：《北京冬奥组委发布〈北京冬奥会低碳管理报告（赛前）〉》，http://ent.people.com.cn/n1/2022/0129/c1012-32342949.html。

[3]　齐雷杰、巩志宏：《河北：每个贫困村支持 50 万元　建设 4000 个光伏电站促脱贫》，http://www.xinhuanet.com/politics/2017-01/09/c_1120272912.htm。

2. 运用课程知识分析绿色奥运成功举办的原因

（1）坚持绿色发展理念，坚持人与自然和谐共生。绿色成为北京冬奥建设最鲜明的底色。绿色奥运的成功举办，源于我国对于绿色发展理念的坚持，也体现了我国实现碳达峰碳中和目标的成就。促进经济社会发展要坚持绿色发展，解决人与自然和谐共生问题，要将可持续发展理念融入社会发展的各方面和全过程。

（2）在关系到国计民生的关键行业和重点领域，充分发挥国有企业的责任担当。一条电力线路投资金额动辄几百亿元，投资门槛相当高。同时，电网企业有自然垄断属性，即使电网投资引入社会资本，电网也要保留控股权和运营控制权，社会资本没有决策权，电网工程的投资难以吸引社会资本进入。在本案例中，国家电网有限公司是中央直接管理的国有独资公司，是关系国民经济命脉和国家能源安全的特大型国有重点骨干企业。"张北柔直工程"创造了多项世界第一，背后是工程团队的日夜努力，是科研工作人员迎难而上，艰苦奋斗，啃下了的"硬骨头"，是央企员工不怕困难，攻坚克难取得的宝贵成果。

（3）以改革创新为核心的时代精神。改革创新是社会主义核心价值体系的基本内容之一，以改革创新为核心的时代精神是中华民族历来就具有的富于进取的思想品格。在本案例中，北京冬奥会的筹办是一场科技与绿色的探索，"张北柔直工程"12项世界第一的成就也体现了我国的科技创新能力不断提升，展现了科研工作人员坚持创新创造、锐意进取的精神。

（4）财政资金提供坚实的物质基础，提供政策支持。无论是科技创新还是绿色办奥都需要充足的财政资金支持。冬奥会绿色低碳举办的每一个细节都离不开政府投资、补贴等多种形式的直接支持和间接支持。

3. "张北柔直工程"多项第一背后的中国故事

张北被称为"风的故乡、光的海洋"，是华北风能和太阳能资源最丰富的地区之一。好"风光"带来的电能清洁高效，取之不尽，二氧化碳排放量为零或趋近于零，是非常优质的"绿电"。国网冀北电力有限公司投运了"张北柔直工程"，采用了目前全球最先进的输电技术，有效抑制电压波动，减少风、光新能源功率波动对电网的影响，为破解新能源大规模开发和消纳的世界级难题提供了"中国方案"。

尽管此次冬奥会减少的碳排放只是中国总碳排放的沧海一粟，但它展现了我国在节能环保方面的信心和成就。在本案例中，北京冬奥会首次实现全部场馆绿色电力全覆盖，"张北柔直工程"创造了12项世界第一，足以展现出我们国家的强大科技实力和大国担当，向世界展现出新时代中国良好的大国形象，能够振奋民族精神，增强学生的民族自豪感。

（段海英　李敬业）

参考文献

[1] 胡丽娜，薛阳. 财政环保支出、财政压力与绿色发展 [J]. 软科学，2023，37（9）：39—46.

[2] 李德欣，曹国厂，张骁，等. 京张大地的奥运回响 [N]. 新华每日电讯，2022—03—17（5）.

[3] 李凤双，范世辉，郭雅茹，等. 白色"雪国"的绿色实践 [N]. 河北日报，2022—01—10（4）.

[4] 齐雷杰，巩志宏. 河北：每个贫困村支持50万元　建设4000个光伏电站促脱贫 [EB/OL].（2017—01—09）[2024—03—04]. http://www.xinhuanet.com/politics/2017—01/09/c_1120272912.htm.

[5] 王东，侯珂珂. 张北的风点亮北京的灯 [N]. 光明日报，2022—02—10（7）.

[6] 杨帆，赵鸿宇，郭雅茹. "张北的风点亮北京的灯"　这个中国故事我来讲 [EB/OL].（2022—01—29）[2024—03—04]. http://www.news.cn/local/2022—01/29/c_1128314290.htm.

[7] 曾康华. 优化财政支出结构与推进民生财政 [J]. 人民论坛，2011（8）：12—14.

[8] 郑清文，李蕾. 北京冬奥会"绿色"遗产可持续发展研究 [J]. 合作经济与科技，2022（22）：45—47.

[9] 赵晓刚，亢春宁，吕慧，等. 张北柔直工程使北京十分之一用电实现清洁化 [N]. 张家口日报，2023—12—11（1）.

案例 2-5
价格补贴兜牢民生底线，助力乡村振兴

【案例简介】

2021年4月8日，国务院新闻办公室举行了一场具有重要意义的《粮食流通管理条例》政策吹风会，集中探讨了中国粮食流通领域的管理和发展方向。在会议中，财政部经济建设司负责人代表政府指出，保障粮食流通工作需要财政大力支持，政府应积极做好粮食收购和储备工作，出台有力政策促进粮食产业发展。为确保粮食市场的稳定，政府应从如下方面着手：首先，在粮食价格方面，政府针对稻谷和小麦两种重要的粮食设立最低收购价制度，并且按国务院要求对最低价进行有序调整，以更好地适应市场需求。对于市场价格偏低的情况，政府将启动政策性收购，确保农民的利益得到维护；而当市场价格上涨时，政府将积极推动市场化收购，以促进市场的有效运转。中央财政在政策性收购方面承担着重要责任，应该负担粮食贷款利息，并安排相应的收购费用，以减轻农民和粮食企业的经济压力。其次，对玉米、大豆实行"市场化收购＋生产者补贴"保护制度。生产者补贴由以前的收购政策转换而来，根据相关面积和标准事先兑付给种粮农户。从实施效果看，玉米、大豆的整个生产形势稳中向好，价格回升，广大农民成为真正的受益主体。

根据《乡村振兴战略规划（2018—2022年）》的要求，我国政府为了实现乡村振兴目标，出台了一系列金融支持政策，包括奖励、补贴、税收优惠等，旨在以更加全面的经济政策支持农村经济的发展，提升农村居民的生活水平。具体而言，2022年8月26日，国务院宣布引入困难群众兜底保障政策，保障社会中最脆弱的群体不受经济困难影响，从而促进社会稳定和可持续发展。同时，为控制物价上涨，政府阶段性调整了价格补贴联动机制，并降低了CPI涨幅启动条件，将CPI单月同比涨幅从3.5％下调至3.0％，针对食品价格仍保持涨幅 6% 的启动条件，以确保物价的稳定①。2024 年 2 月 3 日，党的十八大以来第 12 个指导"三农"工作的中央一号文件由新华社受权发布，该文件定位了当前我国处于推进乡村全面振兴的新发展阶段，应推动实现农业强国和农业农村现代化。解读文件可知，2024 年及今后一个时期"三农"工作将重点从价格、补贴、保险等方面强化政策举措，如适当提高小麦最低收购价，合理确定稻谷最低收购价，继续实施耕地地力保护补贴、玉米大豆生产者补贴、稻谷补贴等政策来充分调动农民种粮积极性；通过加强农业基础设施建设，加大对高标准农田建设的投入并提高其质量，以及全面提升农业防灾减灾救灾能力来夯实现代农业发展基础。

【案例使用说明】

一、教学目标

（一）知识目标

以粮食最低收购价政策为例，讲授最低限价、最高限价、价格补贴等内容，让学生了解价格补贴的由来和作用；讲授财政"三农"支出政策主要内容，让学生了解我国财政支出在"三农"问题方面的政策演变。

（二）能力目标

培养学生文献查询能力。财政"三农"支出的相关资料比较零散，应通过提出一些探索性问题，鼓励学生提炼相关教材知识的要点；布置学生课后文献查询任务，可以使学生了解农村发展的历史、现状以及存在的难题。

（三）思政目标

通过讲解宣传册、看视频、讲故事等学生喜闻乐见的形式，把党的二十大有关"三农"的精神融入课堂，帮助学生更深刻地理解和体验这些精神，同时培养他们对农业、农村和农民的关心和认同感。如果他们毕业后进入农业生产领域，或者从事与农林产品的加工和流通相关的工作，可成为对土地带着深沉热爱的乡村振兴战略的实施者。

---

① 安蓓：《6 部门：阶段性调整价格补贴联动机制　加大对困难群众物价补贴力度》，https://www.gov.cn/xinwen/2022-09/01/content_5707778.htm。

二、启发思考题

(1) 我国为什么要对农产品进行价格补贴?

(2) 在现实中,有哪些财政政策工具可以进一步赋能乡村振兴?

(3) 在助力乡村振兴的过程中,我国是如何发挥财政职能的?

三、教学设计

(1) 课前:预习财政支出章节的教材内容,掌握政府投资、财政补贴、公共服务支出与民生支出的概念,通过查询资料了解财政"三农"支出的演变历史,总结党的二十大报告中的一些强农惠农政策。

(2) 课中:讲解财政补贴的概念,引导学生理解财政补贴的利弊。发放案例资料,引导学生阅读案例并思考问题,探索政府运用财政支出实现乡村振兴的可行措施。

(3) 课后:巩固所学知识,深入学习新时代公共财政思想,让学生明白财政在助力乡村振兴中发挥的作用,意识到粮食安全的重要性。

四、基本概念与具体分析

(一) 基本概念

1. 生产者补贴

生产者补贴是一种补贴手段,其主要目的是通过向生产单位提供财政支持来激励生产活动,促进国内产业的增长和国际竞争力的提升。与生产税相对应,生产补贴可以理解为"负生产税",主要由政府通过政策亏损、价格调整等措施,帮助企业转移一部分税负,从而直接影响生产单位的收入水平。不同于出口补贴仅限于外销产品并仅覆盖其出口部分,生产补贴的范围更为广泛,涵盖整个企业的生产活动。补贴策略可以同时适用于内销和外销,为企业提供更大的灵活性,进而使企业在国内市场和国际市场上都能够获得竞争优势。

2. 财政职能

财政职能是指财政作为政府的重要手段,在调节经济活动或者分配社会产品等方面体现出的功能与职责。这些功能和职责是由财政的本质决定的,不受个人意志转移的影响。中国是社会主义国家,财政职能与国家职能和财政本质密切相关,财政通过与国民经济各部门互动而发挥其功能,并产生相应的影响。一般来说,财政具有资源配置、收入分配、经济稳定与发展三大职能。

（二）具体分析

1. 我国对农产品进行价格补贴的原因

我国的农产品价格补贴始于 1953 年，当时补贴对象为絮棉。对农产品实行价格补贴，大都是因为在国家大幅度提高农产品收购价格后，销价基本未动，导致购销价格倒挂，国家为了补偿经营者由此造成的亏损或经营困难而由财政实施价差补贴。从新中国成立初，我国工业发展落后，因此实行了工农业剪刀差，在一定程度上牺牲农业、农村、农民利益促进工业与城市的发展，在一定程度上导致了我国城乡二元结构长期存在，城乡差距逐渐拉大，对农业、农村、农民并不公平。随着我国工业化、城市化进程的加快，党和国家认识到农业、农村、农民问题应受到重视。政府为弥补因价格体制或政策因素造成价格过低从而给生产经营带来损失，建立了相关目标价格补贴体系，国家实施的耕地地力补贴、稻谷补贴、一次性种粮补贴、科技推广及农业基础设施建设补贴等，都有助于切实缓解种粮亏损、农民不愿意种粮的局面。在本案例中，中央实行粮食最低收购价制度等都反映出国家对于"三农"问题的重视程度，是国家在促进农村发展，缩小城乡发展差距，促进社会公平等方面所做的努力。

2. 进一步赋能乡村振兴的财政政策工具

2024 年中央一号文件明确将农业、农村作为一般公共预算优先保障领域，创新乡村振兴投融资机制，确保投入与乡村振兴目标任务相适应。在不新增地方政府隐性债务的前提下，开展高标准农田和设施农业建设等涉农领域贷款贴息奖补试点。预算报告也强调加强乡村振兴投入，优先考虑农村发展需求，通过增加财政拨款、专项资金和项目投资等方式来支持发展。同时各地应加大统筹力度，结合地方资源禀赋，制定差异化政策，更好地促进农村发展。在诸多政策中，粮食补贴等在一定程度上反映了中央财政对于农村发展的帮扶，是财政推进乡村振兴的重要举措，是向巩固拓展脱贫攻坚成果任务重的乡村地区的倾斜，有利于维护农民利益；除此之外，专项债券等方式能够扩展乡村振兴资金来源，通过吸引社会资金投入农村基础设施和产业发展，为乡村振兴提供资金支持；政府采购政策的支持可以有针对性地促进乡村产业振兴，解决农产品供需失衡问题，通过购买农产品来稳定农民收入，进一步推动乡村经济的发展。

3. 在助力乡村振兴的过程中发挥财政职能的主要措施

强国必先强农，农强方能国强。党的二十大擘画了全面建成社会主义现代化强国的宏伟蓝图，并对农业、农村工作做出总体部署。在当前背景下，中央财政采取了一系列积极措施，保障粮食和农产品的供应，加强支农政策的落实，从而确保农业生产的稳定性并维持市场价格的平稳。这一举措的背后是为了稳定国内粮食市场，满足日益增长的人口对食品的需求，并减轻市场价格波动所带来的社会不稳定因素。与此同时，中央财政特别关注那些特定地区和群体。政府将重点放在如何帮助脱贫人群增加收入，以及巩固已取得的脱贫成果。这包括通过提供就业机会、培训计划等手段，帮助脱贫人群实现持续稳定的经济增长，从而实现可持续的脱贫目标。为了推进农业现代化，中央财政在政策制定上更加注重农业的质量提升和绿色可持续发展。政府通过创新的支持政策，鼓励农业技术创新和科研投入，以提高农业生产的效率和质量。此外，政府还致力于推动农业竞争力的提升，为农村地区的经济发展注入新的活力，促进农村产业结构的优化升级。在乡村建设方面，中央财政发挥着主导作用，通过加强基础设施建设和居住环境改善，努力提升农村地区的生活品质。政府通过深化综合改革，推动乡村宜居化的进程，主要包括提升基础设施设备，改善居住环境，促进农村社会公共服务的均等化，从而为农村居民提供更好的生活条件和发展机会。这些举措旨在实现乡村地区经济的可持续增长，促进城乡差距缩小，营造更加和谐宜居的乡村社会。

（仲家琳）

参考文献

［1］财政部农业农村司. 发挥财政职能作用　支持全面推进乡村振兴［J］. 中国财政，2023（2）：10－13.

［2］齐志明. 完善全链条监管　保障粮食安全［N］. 人民日报，2021－04－9（2）.

［3］郝保权. 实施乡村振兴战略意义深远［N］. 经济日报，2019－04－01（3）.

［4］胡迪，杨向阳，王舒娟. 大豆目标价格补贴政策对农户生产行为的影响［J］. 农业技术经济，2019（3）：16－24.

［5］胡苏华. 税收政策助力乡村产业振兴：作用机理、实施现状与完善建议［J］. 税务研究，2022（10）：49－53.

［6］宋锐. 财政和金融政策融合支持乡村振兴制度探讨［J］. 财经界，2021（33）：3－4.

［7］杨志安，付正淦. 全面推进乡村振兴的税收政策：现状、不足与完善［J］. 税务研究，2023（5）：120－123.

［8］周静，曾福生，张明霞. 农业补贴类型、农业生产及农户行为的理论分析［J］. 农业技术经济，2019（5）：75－84.

［9］庄庆，高慧，于琳娜，等. 财税金融在支持乡村振兴中的效能分析［J］. 时代金融，2023（10）：13－17＋20.

案例 2-6
药品集中带量采购动了谁的"奶酪"?

【案例简介】

福建省三明市企业退休人员比重颇高，老龄化严重。2010 年，三明市城镇职工医疗保险统筹基金出现巨额亏损；到 2011 年，实际亏损量达到 2 亿多元，约占当年市财政比重的 15%，且当年基金还欠付全市 22 家公立医院医药费 1700 多万元。箭在弦上不得不发，三明市在 2012 年初以整治流通领域虚高的药品和耗材价格为目标，开始进行全市公立医疗机构的药品和耗材集中采购。制度的力量立即显现，三明市医保基金当年就实现了盈余，且此后年年结余。

"三明医改"取得成效后，2015 年在国务院办公厅的鼓励和推广下，全国各地市纷纷与三明市签订药品耗材联合限价采购，形成了跨区域全国采购联盟。2018 年 3 月，国家医疗保障局（以下简称国家医保局）成立，其职能之一就是制定药品、医用耗材的招标采购政策并监督实施，以及指导药品、医用耗材招标采购平台建设。国家医保局还承担了组织制定并实施医疗保障基金监督管理办法，以及推进医疗保障基金支付方式改革的职能。

国家医保局集招标采购和医保支付于一体，使医保机构的身份从医疗服务的"买单者"转变为"购买者"。机构改革之后，国家医保局会同有关部门积极推进药品、高值医用耗材的集中采购，疏通了在招标、采购、使用、医保支付等环节的政策堵点。2022 年，全国通过省级医药集中采购平台网的订单总金额达 10856 亿元，比 2021 年增加 516 亿元。医保目录内药品达到 9286 亿元，占集中采购平台网订单总金额的 85.5%。2022 年，以第七批国家组织的药品集中带量采购为例，涉及 61 个品种，平均降价 48%①。

据央视新闻报道，从 2018 年"4＋7"11 个城市试点，到 2023 年 7 月，国家先后组织药品集中带量采购共 8 批，333 种药品中选，平均降价超 50%，每批次有多个药品降幅超 95%。冠脉支架、人工关节等 8 种高值医用耗材平均降价超 80%，连同地方联盟采购，累计减负约 5000 亿元。据国家医保局公开的信息，2022 年我国药品采购价格指数比 2018 年下降 19%，显著降低群众用药负担。专家表示，药品集中带量采购为采购价格指数里的西药部分价格下降贡献了超过 70%的份额。受仿制药价格下降的影响，原研药的价格也有不同程度的降低。

目前，我国药品、医用耗材的采购制度采取的是"带量采购、量价挂钩、招采合一"的集中带量采购模式。随着改革的推进，集中带量采购提速扩面。通过国家组织和省级联盟采购，药品、高值医用耗材品种将有所增加，提高了药品、高值医用耗材网采率。集中带量采购往规范化、常态化发展，并将在 2025 年前成为我国最主流的药品和医用耗材采购模式②。

由国家医保局主导的"带量采购"，是斩断医药与医院之间的利益链条，协同推进医药服务供给侧改革，推进医保、医药、医疗"三医联动"改革高质量发展的重要举措。改革给整个医疗行业带来震荡，向多年来未能解决的"以药养医"开刀，而且直接切中招标采购这一核心环节。从取得的成效来看，集中带量采购规则不断优化，供应保障更为稳定，药价虚高、人民群众"看病贵"、医院回款不及时等难题得到了初步解决。集中带量采购斩断了药品和耗材的价格加成，医院和医生再多开药也无利可图。药品和耗材总体呈现了"价降、量升、质优"的态势，价格回归合理水平，有力挤压了虚高空间，群众以比较低廉的价格用上质量好的药品，广大参保群众获得感持续增强。与此同时，药品"带金销售"的空间持续被压缩，药品流通环节大大减少。药企在价格下降引起销售额下降的同时，得到了扩展销售渠道、节省销售费用、获取稳定收益的改革红利，越来越多的药企走上重创新、重质量的发展新路，国产的原研药和创新药大幅提升。实施集中带量采购后，医院启动医疗服务价格联动改革，很多相关医疗服务项目价格有所上涨，多家医院实施了薪酬改革。医务性收入上涨，医院药品收入下降，医院收入结构更加合理，"以药养医"的现

---

① 国家医疗保障局：《2022 年全国医疗保障事业发展统计公报》，http://www.nhsa.gov.cn/art/2023/7/10/art _ 7 _ 10995.html。

② 蒋昌松、祁鹏、郭丹：《我国药品集中采购制度历史变迁及改革发展趋势》，《中国医疗保险》，2022 年第 4 期，第 8 页。

象得到遏制，医生的收入更加透明和阳光。基层政府在减少医保支出后能够不断加大财政投入，公立医院有资金投资于添置先进的医疗设备"大件"，给医院的运行提供更好的保障。集中带量采购让病患享受到耗材大幅降价红利，让医务人员的劳务价值得到提升，也有力支持公立医疗机构高质量发展。

有这么多群体受益，那药品耗材集中带量采购动了谁的"奶酪"？从很多药商、医药代表退出药品和耗材的流通市场，从有些品规药长期缺货在医院买不到等现象可以看出，改革触动了医药流通领域的既得利益，那些曾在利益链条上获利的企业和个人的"奶酪"在逐渐消失。

【案例使用说明】

一、教学目标

（一）知识目标

（1）掌握政府采购的定义、分类、流程。

（2）了解医保基金的运营模式。

（二）能力目标

（1）培养学生的创新精神。通过案例分析引导学生进行问题症结的梳理和逻辑推理，打通医保支付赤字问题症结的堵点和痛点，引导学生树立敢于打破制度桎梏的信心和勇气。

（2）提高学生解决问题能力。帮助学生了解医保基金运行状况，培养学生通过分析经济社会关联信息解决实际问题的能力。

（三）思政目标

（1）培养学生的批判思维能力。看病贵的问题一直存在，引导学生思考"三明医改"是如何取得成功的。

（2）鼓励学生形成创新思维。敢于运用批判思维和判断能力创设新制度。

二、启发思考题

（1）药品和医用耗材的集中带量采购在我国的改革经历了哪些阶段？

（2）与医院分散采购相比，集中带量采购有什么优势？

（3）如何运用拍卖理论来分析药品和医用耗材的集中带量采购这一经济

现象？

三、教学设计

要求学生分成 5~6 人一组的团队，以团队方式完成以下任务。

（一）查询资料，了解药品集中带量采购的历史

医疗服务存在市场失灵情况，医保基金的改革并非一帆风顺。学生通过查询资料，可了解药品政策制定过程中出现的波折，分析在改革历程中市场机制这只"看不见的手"和政府调控这只"看得见的手"，两只手在哪些关键时期"掰过腕子"，有何输赢的结局？集中带量采购对药品供给产生的影响在哪些方面？政府应该在哪些方面进行管理？如何管？请学生给出自己的见解。

（二）采用研讨和情境模拟的教学方法

分析思路：让学生通过分组讨论，理解政府采购制度的利弊，掌握集中采购与集中带量采购的区别及其对各主体利益的影响。

分析方案：模拟公立医院药品分散采购和集中带量采购对医保基金管理方、药品生产企业、流通企业、医药代表、医院管理方、医生等各主体的影响。可通过情境模拟等方式，让学生能够从不同角度切实感受到医保制度改革的必要性和深远影响。

教学重点：分析公立医院药品和耗材集中带量采购制度创新点及制度变革给医保基金和地方财政带来的深远影响。

四、理论依据与具体分析

（一）理论依据

分析本案例需要使用科学的经济学理论来延展分析深度，学生需用到帕累托改进理论、科斯定理、规模经济理论等。

1. 帕累托改进理论

帕累托改进是以意大利经济学家维尔弗雷多·帕累托（Vilfredo Pareto，1848—1923）的名字命名的，他在研究经济效率和收入分配时使用了这个概念。如果既定的资源配置状态的改变使得至少有一个人的状况变好，而没有使任何人的状况变坏，则认为这种资源配置状态的变化是"好"的；否则认为是"坏"的。这种以帕累托标准来衡量为"好"的状态改变被称为帕累托改进[①]。

---

① 高鸿业：《西方经济学（微观部分）（第 7 版）》，中国人民大学出版社，2018 年，第 257 页。

药品具有特殊性，存在市场失灵，具有信息不对称性。在非集中采购模式下，专利药和独家生产药往往处于市场垄断地位，导致市场竞争机制无法有效发挥作用。实施医保目录准入谈判后，利用药品进入医保后市场销量增加保障了药品生产经营企业利益，采购方可以更低的价格获得专利药和独家生产药，社会福利得到提升，改革带来了帕累托改进。在一般集中采购模式中，虽然集中采购能一定程度上引导药品的市场竞争，但药品生产经营企业仍需花费营销成本以求扩大销量。集中带量采购则在承诺采购数量的基础上有效降低药品价格，生产企业通过扩大销量确保企业利润，采购方则以更低的价格获得符合质量要求的药品，社会福利得到增加，也属于帕累托改进。因此，无论是从非集中采购到医保目录准入谈判，还是从一般集中采购到集中带量采购，这些采购模式的实施都是对帕累托改进理论的实践与应用。

2. 科斯定理

不管谁拥有合法的产权（财产或资源的所有权），谈判都会导致有效的社会结果，这一洞见被称为科斯定理（Coase Theorem），由诺贝尔经济学奖获得者罗纳德·科斯提出[①]。关于科斯定理，比较常见的理解是只要财产权是明确的，在交易成本为零的情况下，无论财产权利如何进行初始配置，当事人之间谈判都会实现资源配置的帕累托最优。这个定理可用来理解集中带量采购制度的优势。

影响交易成本的因素有交易商品的专业性、交易的不确定性和交易频率。集中带量采购是努力使交易成本最小化的机制设计，能够很好地提高资源配置效率。首先，药品和医用耗材的交易过程充满了不确定性。医药企业通过医院（医生）将产品销售给患者，患者买什么药以及买多少药完全由医生决定。医生在为患者选择使用何种药品和医用耗材的行为上，也存在很多信息不对称的情况，容易产生道德风险。在传统的药品采购模式下，充当"中介"角色的医生容易出现开大处方、过度检查等经济寻租行为。实施药品集中带量采购后，医生开药和能从开药中得到的好处完全分离，能够纯粹基于专业素养进行诊疗，病人购买医疗服务的专业性有保障。其次，集中带量采购通过明确采购数量，降低供求双方的不确定性，即降低招标、采购、使用、支付、回款链条中的不确定性，降低了交易成本。此外，以往分散采购和招标采购的交易频率很高，几乎不存在批发场景，故价格容易畸高。集中带量采购主流模式是省级联

---

① 达龙·阿西莫格鲁、戴维·莱布森、约翰·A. 李斯特：《经济学（微观部分）》，卢远瞩、尹训东译，中国人民大学出版社，2016 年，第 197 页。

盟形式，极大地降低了交易成本，使得药企的管理成本下降，容易降价让利，最终促使医疗资源减少浪费，实现合理配置。

3. 规模经济理论

当每单位产出的平均总成本随着总产出增加而下降时，就出现了规模经济[①]。换言之，在企业增加产量时如果出现边际成本递减，就会出现规模经济现象。药品作为一种特殊的商品，边际成本理论和规模经济理论在其价格形成中同样可以发挥作用。企业产能与药品价格之间存在一定的负相关关系。通过促使药品企业之间合理竞争，降价换取市场，中选企业能获得比以往销量大得多的订单，单位产品的固定成本会下降，销售费用和管理费用也会因省际联盟的集中采购而摊薄，引发中选产品边际生产成本递减。虽然产品价格下降，但由于产品平均成本下降，在销售量上升的情况下，企业能够维持或提高其利润水平。这也是药企敢于用低价投标及销售的根本原因。规模经济的原理在强调成本优势的仿制药领域体现得尤为突出。

（二）具体分析

1. 我国药品和医用耗材集中带量采购的改革阶段

2000 年以前，我国公立医院在药品和耗材的购买上主要采取分散采购形式。2000 年 2 月，国务院办公厅转发国务院体改办等八部门《关于城镇医药卫生体制改革的指导意见》，明确要求医疗机构应根据《中华人民共和国招投标法》进行药品集中招标采购。2001 年 11 月，"全国推行药品集中招标采购会议"在海南召开，要求 2002 年 70％的县级以上公立医院开展药品招标。随后，海虹等第一批电子商务公司成立了第三方招标平台，我国医疗机构开始对药品进行集中招标采购。

2012 年 2 月，福建三明市因出现医保基金缺口不得不启动医改。改革的第一个内容就是将福建省（三明片区）第八批药品集中采购中标药品目录的129 种辅助性、营养性且历史上疑似产生过高额回扣的药品列为第一批重点跟踪监控对象，并规定公立医院但凡采购使用这些药品，医院要公开采购数量，院长要审批签字，医生要在处方上签字备案。这一招立竿见影，猛涨的医药费用在措施仅实施一个月就显著下降。2012 年底，三明职工医保统筹基金首次结余达到 2200 多万元，这让三明市医改小组看到了医改的核心症结在药。

---

① 达龙·阿西莫格鲁、戴维·莱布森、约翰·A. 李斯特：《经济学（微观部分）》，卢远瞩、尹训东译，中国人民大学出版社，2016 年，第 266 页。

2015 年，国务院要求药品集中采购由地市招标采购上升为省级招标采购。但是，药价虚高、低价中标等乱象依然存在。量价脱钩，"只招标、不采购"的采购模式使得企业销量低迷，难以切实降低企业的销售成本和财务成本，药价不能实现明显下降。

2015 年 6 月，上海开始了医疗保险药品带量采购的探索实践，与同时期其他省（区、市）的采购制度比，上海的带量采购具有以量换价、唯一产品中标、招采合一、预付机制等特点，药品市场反响良好，改革受到药企的欢迎。2018 年国家对上海实践进行经验吸收和内容升华，组织实施药品集中带量采购。

2018 年 3 月，国务院机构改革，成立国家医保局。2019 年 1 月，国务院办公厅印发《关于印发国家组织药品集中采购和使用试点方案的通知》，提出了集中带量采购的采购原则，在产品符合准入条件的前提下，以一定采购数量为批次集采的启动条件，通过确定价格和用量的"合同关系"改变了合作模式。除国家组织集中带量采购的产品外，符合集中带量采购条件的药品由地方省级平台组织采购。按照国家组织药品集中带量采购规则，仿制药只有通过"一致性评价"① 才有资格参加集中带量采购。2018 年以来，我国通过仿制药一致性评价的药品累计数量由不足 200 种快速上升到超过 3000 种。同时，患者使用原研药和通过一致性评价的仿制药等高质量药品比例由集中带量采购前的 50％提高到 90％以上。集中带量采购引导药品企业从"拼渠道、拼销售"转到"拼质量、拼价格"，集中带量采购范围内的产品告别高毛利率时代，集中带量采购中选企业也迎来发展新变化。

为深入推进高值医用耗材集中带量采购改革，根据国务院办公厅《关于印发治理高值医用耗材改革方案的通知》、国家医保局等八部门《关于开展国家组织高值医用耗材集中带量采购和使用的指导意见》要求，全国各省份组成采购联盟，委派代表组成国家组织高值医用耗材联合采购办公室，代表各地区公立医疗机构及自愿参加的医保定点社会办医疗机构，对与老百姓身体健康息息相关的高值医用耗材如骨科脊柱类医用耗材、人工关节、冠脉支架、药物球囊、种植牙等品种进行集中带量采购。

从 2018 年至 2023 年，国家医保局已发布多个通知，药品耗材集中带量采购的覆盖面持续提高，集中带量采购的政策成效逐渐显著。改革完善了我国医

---

① "一致性评价"是指仿制药品与原研药品质量疗效一致，具体要求是稳定性一致、体内外溶出规律一致、杂质谱一致等。在集中带量采购的推动下，高质量仿制药品正逐步占据临床用药主流。

药价格形成机制，促进了医保、医疗、医药协同发展和治理，有利于群众获得优质高效、经济合理、方便可及的医药服务。

2. 药品和医用耗材的集中带量采购具有的优势

在集中带量采购改革实施之前，我国公立医院采取的是分散采购模式。该模式导致药价和医用耗材比较高的主要原因是医院分散采购的购买量有限，医院与销售方存在信息不对称，议价能力较弱，不易获得规模优势，所以价格比较高。第二个原因是药品流通环节多。药厂生产出来的药，一般要在流通领域层层辗转，经历一级总代、多级代理商、医药配送公司等才能进入医院。进入医院前还需要医院负责人的许可、药房将药品列入用药名录等环节，这些环节也容易存在利益输送问题。经过层层加码，到患者手里的药价可能远远高于出厂价。第三个原因是公立医院药品和耗材的购买行为不公开、不透明、缺乏社会监督，再加上供应商竞争不充分，容易导致药品价格和医用耗材价格虚高。不规范的市场导致一些原研药（"进口老药"）尽管已经过了专利期，但由于供求市场的信息不透明、竞争不充分等，仍能够以较高的价格在国内销售。

2000年开始，我国医疗机构探索药品集中招标采购。与分散采购模式相比，医院对药品和医用耗材的集中招标采购，通过招标、竞价等方式以公开透明的方式进行购买，可以尽可能增加集中招标采购的市场容量和竞争规格，在不降低质量的前提下降低药品价格从而降低药品采购成本，减少了寻租行为，增强了市场竞争。集中采购常态化也对平台建设提出了严格要求，全国信息互联互通、公平公开统一的市场招采机制可大大改善营商环境。

但是，在没有采购量保障的情况下，药品集中采购仅能够在一定程度上降低采购成本和减少寻租行为。由于招标、采购、使用、支付、回款等环节是分离的，招标采购链条上的利益主体有多个，导致企业之间在营销费用上进行大比拼，企业被迫提高定价来保障销售费用。而第三方招标中介收费高、招标程序异常繁杂亦可能加重企业负担。集中采购未从根本上改变扭曲的市场结构，降低药品价格的作用十分有限。

2018年，国家医保局推出药品集中带量采购的改革。与一般集中采购相比，集中带量采购可扩大生产企业的利润并降低企业的营销费用，缓解企业的资金压力。第一，通过扩大销量增加企业利润。集中带量采购中标药品的60%～70%市场销量将受到采购方承诺，采购量占到了同种药品采购的大部分份额。较高的采购量一定程度上会促使药企在招标过程中降低投标价格，从而达到以量换价的效果。因此，集中带量采购并不是通过成本与质量的联动来降低价格，而是通过建立价格和采购数量的联动机制来降低价格。由于药品生产经营企业获得了带有承诺的市场销量，企业在降价的同时就能够做到保持合理利润。第二，有效降低营销费用。集中带量采购可以使医药生产企业通过一次性集中交易获得规模化订单，减少开拓市场的营销费用，也能压缩中间流通环节，通过降低交易成本最终降低价格。集中配送企业为获得大额配送订单，也会压低配送费用，进一步挤压出中间流通环节的虚高价格。第三，降低生产企业资金压力。有了集中带量采购、量价挂钩的制度保障，药品生产企业回款周期可以从原来的半年缩短到次月，显著降低了企业资金压力和经济风险。总之，药企销售成本、管理成本和财务成本节省了，而销量上升了，大部分企业的净利润额没有降低，企业可以增加研发支出，专注于扩大国产创新药的研发和生产。

3. 运用拍卖理论来分析集中带量采购可促进市场价格回归合理水平

拍卖是潜在的买者对一个物品进行出价，出价最高的买者获得物品的市场过程①。拍卖的经济学本质是研究规则透明时，信息不对称条件下的商品价格如何收敛于均衡价格。采用公开招投标的方式，国家组织全国医疗机构形成采购联盟，实行带量采购，本质上就是拍卖方（联采办）就拍卖品（待采购药品）向竞拍方（供应企业）发起拍卖竞价的过程。拍卖理论的核心内容之一是如果各企业属于非合作博弈，无法合谋对抗竞拍机制，则基于成本的诚实报价是最优策略。带量采购适用于临床用量大、临床使用成熟、药品安全性有效性有保障、采购金额高、上市时间较长、市场竞争相对充分的药品。而正是这些因素使得市场竞争非常激烈和透明，适合采取集中带量采购的方式。集中带量采购正是通过集中采购和增加集采数量来提高药商之间合谋的难度，斩断药商与医院之间的灰色利益链条，形成最有效的价格发现机制。特别是在多家企业都能生产的基本药物和非专利药品的市场上，集中带量采购能够通过完善市场发现价格机制引导药品价格回归合理水平。

（段海英）

参考文献

[1] 常峰，李毅仁. 新时代医药采购改革的成效分析和问题研究 [J]. 中国医疗保险，2020，13（7）：65-69.

---

① 达龙·阿西莫格鲁、戴维·莱布森、约翰·A. 李斯特：《经济学（微观部分）》，卢远瞩、尹训东译，中国人民大学出版社，2016年，第368页。

［2］郭志刚，洪冬喆，刘伊，等. 我国基本药物集中采购量价挂钩实施影响因素分析［J］. 中国卫生政策研究，2015，8（12）：1－6.

［3］蒋昌松，张立强，祁鹏，等. 带量采购的部分经济学原理解析［J］. 卫生经济研究，2021，38（6）：63－65.

［4］蒋昌松，祁鹏，郭丹. 我国药品集中采购制度历史变迁及改革发展趋势［J］. 中国医疗保险，2022，15（4）：5－11.

［5］田蒙蒙. 基本医疗保险费用共付机制研究［J］. 医学与社会，2023，36（7）：103－115.

［6］李毅仁，路云，卢钰琼，等. 帕累托改进：我国医保战略性购买的践行路径［J］. 卫生经济研究，2020，37（10）：8－11.

［7］黎东升，白雪珊. 带量采购降低药品价格的一般机理及"4＋7 招采模式"分析［J］. 卫生经济研究，2019，36（8）：10－12.

［8］王东进. 概论医保的战略购买与购买战略［J］. 中国医疗保险，2018，11（9）：1－4.

［9］赵鹏. 三明医改的事实真相［N］. 人民日报，2016－02－26（16）.

［10］朱恒鹏，岳阳，朱磊. 药企合谋对药品招标采购的影响——以药品集中带量采购为例［J］. 经济学（季刊），2022，22（6）：2171－2192.

案例 2-7 从无到有：
个人养老金制度为老有所养蓄力储能

【案例简介】

一、引言

党的二十大报告指出，要"完善基本养老保险全国统筹制度，发展多层次、多支柱养老保险体系"①。2022 年 4 月 8 日，国务院办公厅发布《关于推动个人养老金发展的意见》（国办发〔2022〕7 号），就推动我国个人养老金发展提出了总体要求和制度模式，明确了参加人每年缴纳个人养老金的上限。2022 年 9 月 26 日，国务院召开常务会议，决定对政策支持、商业化运营的个人养老金实行个人所得税优惠；对缴费者按每年 12000 元的限额予以税前扣除，领取收入的实际税负由 7.5％降为 3％，政策实施追溯到 2022 年 1 月 1日。2022 年 11 月 3 日，财政部、国家税务总局出台《关于个人养老金有关个人所得税政策的公告》，规定了 2022 年一些试点城市，个人可在缴费环节享受1.2 万元/年的税前扣除额度，投资环节暂不征收个人所得税，领取环节则单独按 3％的税率计算缴纳个人所得税。2022 年 11 月 4 日，人力资源和社会保障部、财政部等五部门联合发布《个人养老金实施办法》，对个人养老金参加流程、资金账户管理、机构与产品管理、信息披露、监督管理等方面做出具体规定。2022 年 11 月 25 日，我国个人养老金制度正式实施，吸引了广大居民积极开立个人养老金账户。2024 年 1 月 24 日，人力资源和社会保障部表示，在 36 个城市及地区先行实施的个人养老金制度运行平稳，先行工作取得积极

---

① 习近平：《高举中国特色社会主义伟大旗帜 为全面建设社会主义现代化国家而团结奋斗——在中国共产党第二十次全国代表大会上的报告》，人民出版社，2022 年，第 48 页。

成效。2024 年 3 月 5 日，在第十四届全国人大二次会议上提交审议的政府工作报告宣布在全国实施个人养老金制度。

二、个人养老金制度的定义

个人养老金制度是在习近平新时代中国特色社会主义思想指导下，政府政策支持、个人自愿参加、市场化运营的补充养老保险制度①。在中国境内参加城镇职工基本养老保险或者城乡居民基本养老保险的劳动者都可以参加。个人养老金实际上是居民在参加基本养老保险制度之外，再开一个账户，自己往里交钱，自主投资相关金融产品，以后退休可从账户里多领一份养老金。为全面贯彻党的二十大精神，个人养老金制度遵循政府政策支持、个人自愿参加、市场化运营的原则，将个人养老金与基本养老保险、企业（职业）年金相衔接，是对养老保险制度的有益补充。

个人养老金是我国多层次养老保障体系"第三支柱"的顶层设计。个人养老金实行个人账户制，包括两个账户：一个是个人养老金账户，另一个是个人养老金资金账户。《个人养老金实施办法》规定，个人养老金账户应当通过全国统一线上服务入口或者商业银行等渠道在个人养老金信息管理服务平台开立。个人养老金资金账户可以选择一家符合规定的商业银行开立或者指定，也可以通过其他符合规定的个人养老金产品销售机构指定。账户里的资金可购买符合规定的理财产品、储蓄存款、商业养老保险和公募基金等。个人养老金资金账户封闭运行，参加人在达到领取基本养老金年龄，或者完全丧失劳动能力、出国（境）定居，以及符合国家规定的其他情形下，可以领取个人养老金。

三、对个人养老金制度的展望

目前，我国已形成拥有"三支柱"的多层次养老保险体系。第一支柱是基本养老保险，是养老保险体系的主体部分，目前覆盖人数已达 10.4 亿；第二支柱是企业年金和职业年金，《2022 年度人力资源和社会保障事业发展统计公报》显示，截至 2022 年底，全国已有 12.80 万户企业建立企业年金，参加职工 3010 万人；第三支柱则包括个人养老金和其他个人商业养老金融业务。推动个人养老金发展，是构建多层次、多支柱养老保险体系的重要举措。个人养

---

① 人力资源和社会保障部、财政部、国家税务总局等：《关于印发〈个人养老金实施办法〉的通知》，https://www.gov.cn/zhengce/zhengceku/2022－11/05/content＿5724783.htm。

老金能够提供更高的养老保障水平，且不同于此前试行的个人商业递延养老保险，个人养老金具备金融属性，其投资回报理应更加具有吸引力。

个人养老金制度的建立，体现了国家相关部门在应对人口老龄化问题上的积极响应，是对人民生活的关照。在基本养老保险基础上再增加一份保障，能够更好地满足人民群众多样化养老保险需求，让老年生活更安心也更舒心。目前的个人养老金制度基于税优人群范围做了框定，随着经济发展，将有更多政策出台，惠及更多纳税人群，真正达到支柱的作用。

【案例使用说明】

一、教学目标

（一）知识目标

掌握社会保障支出的内容，掌握社会保险的项目、特征，掌握养老保险的基本筹集模式，了解我国养老保险体系发展现状，熟悉养老金三支柱体系基本内容。

（二）能力目标

培养学生利用所学知识解决实际问题的能力，能够规划自身以及家庭未来的养老目标；引导学生为完善当前国家养老保险体系提出建议，开拓思维，激发创新能力。

（三）思政目标

通过案例解读，引导学生深刻认识到中国特色社会主义制度的优越性；深刻领会党的二十大报告中所提及的涉及建立健全社会保障体系的相关内容；提升学生对于国家政策的认同感、自豪感，激发学生将专业学习融入国家建设的积极性。

二、启发思考题

（1）依据材料，简要解释什么是第三支柱个人养老金。

（2）简述国家推进个人养老金业务发展的必要性。

（3）国家应该怎样普及个人养老金来完善社会保险制度？

三、教学设计

(一) 教师重点讲解个人养老金的概念

对于全新的概念，教师除了阐述概念本身，还应有体系地解释关联概念。首先，对于养老金三支柱体系，结合相关案例对三个支柱作充分解释说明。其次，对第三支柱个人养老金给出重点解释，并分析其与现有第一、二支柱的区别点。

(二) 布置分析我国的老龄化现状的堂下资料查询任务

分小组布置教学任务，请学生分析我国推行个人养老金政策的背景、我国人口老龄化现状以及其带来的一系列养老问题。

(三) 组织小组讨论个人养老金的作用及发展前景

分小组讨论，选派代表展示小组观点，涉及个人养老金对现有养老金所起到的补充作用，引导学生从政府、机构与居民三方面展开对于建立健全个人养老金制度的建议。

四、理论依据与具体分析

(一) 理论依据

1. 三支柱养老体系

1994 年，世界银行在报告《防止老龄危机》中提出了养老三支柱体系，旨在为退休人群提供收入保障，缓解现行制度的短板。在三支柱体系中，第一支柱是公共养老金，由政府通过法律强制实施的；第二支柱是企业年金，由企业与员工共同缴纳；第三支柱是个人自愿参与的养老金[①]。

对应到中国现行的制度来看：

第一支柱是政府主导的基本养老保险，包括城镇职工基本养老保险和城乡居民基本养老保险。城镇职工基本养老保险覆盖城镇单位职工，实行部分积累制。用人单位缴纳职工工资的 16%，资金用于社会统筹；个人缴纳工资总额的 8%，资金进入个人账户。

第二支柱为职业养老金，包括适用于企业单位的企业年金和适用于事业单位的职业年金。企业年金的问题主要是覆盖率低，根据人力资源和社会保障部

---

① 罗浩、周延：《第三支柱个人养老金对养老金替代率的影响研究》，《中央财经大学学报》，2022 年第 11 期，第 78 页。

《2022 年度人力资源和社会保障事业发展统计公报》，2022 年末全国约有 12.80 万户企业建立企业年金，参加职工 3010 万人，当年参加城镇职工基本养老保险人数为 50355 万人，拥有企业年金的员工数仅占养老金参保人数的 6％。从行业看，建立企业年金制度的企业大多集中在能源、电力、铁路、交通等行业，大约 3/4 为国有企业，仍有大量企业未建立企业年金。此外，拥有职业年金的人员数量非常有限①。总之，从第二支柱的基本情况来看，第二支柱养老金的补充作用比较有限。

第三支柱个人养老金主要是进行预防性储蓄。个人养老金制度的出台，对我国多层次、多支柱养老保险体系建设具有标志性意义。但与成熟市场相比，我国第三支柱还在完善中，个人养老金在规模、覆盖率和覆盖人口上仍有较大差距。

2. 养老金替代率

养老金替代率是指养老金数额与退休前工资的比率，能够衡量一个地区的养老保障水平。养老金替代率不仅关系到退休职工的生活质量，还体现着社会的发展水平。我国职业年金的设立很大程度上与机关事业单位退休人员和城镇企业职工的养老金替代率差异大有关。实施职业年金以后，不同身份退休人员的养老金替代率差异缩小，职业年金可以为机关事业单位退休职工提供额外的保障。在养老保险的规划中，养老金替代率是必须考虑的关键因素②。

3. 博弈均衡理论

博弈均衡是博弈各方最终选取的策略组合，又叫纳什均衡，此处的均衡一词意味着缺乏变化的趋势。严格说来，纳什均衡指的是参与人的这样一种策略组合，在该策略组合上，任何参与人单独改变策略都不会得到好处③。学者高和荣、陈凤娟（2022）认为，推动个人养老金制度是基于社会各主体进行多方博弈后，理性选择及策略优化组合的结果④。社会保障的提高需要进行决策，而在这个决策中，政策的供给一方及需求一方同时想获得收益的最大化，且付诸最小成本。这些主体包括人力资源和社会保障部门、税务部门、企业、劳动

---

① 人力资源和社会保障部：《2022 年度人力资源和社会保障事业发展统计公报》，http://www.mohrss.gov.cn/xxgk2020/fdzdgknr/ghtj/tj/ndtj/202306/W020230630516037377667.pdf。

② 田月红、赵湘莲：《人口老龄化、延迟退休与基础养老金财务可持续性研究》，《人口与经济》，2016 年第 1 期，第 42 页。

③ 高鸿业：《西方经济学（微观部分）（第七版）》，中国人民大学出版社，2018 年，第 295 页。

④ 高和荣、陈凤娟：《个人养老金制度的实施、挑战与优化》，《西北大学学报（哲学社会科学版）》，2022 年第 6 期，第 84 页。

者本人及金融机构等。在所有主体的博弈与决策下，个人养老金制度应运而生。

（二）具体分析

1. 依据材料简要解释第三支柱个人养老金的内涵

关于第三支柱，学者郑秉文（2015）将其理解为享受税优政策的商业养老保险[①]，提出第三支柱是个人储蓄计划，包括所有个人自愿购买的能够实现养老保障功能的金融产品或账户。依据是否享受税收优惠，可将其分为税优和非税优第三支柱[②]。而学者董克用（2022）认为只有在财税政策支持下建立的面向个人的养老金制度才是第三支柱，第三支柱养老金是一项国家养老金制度而非某种养老金融产品，以"个人养老金"来表述更为恰当[③]。个人养老金实行个人账户制度，遵循政府政策支持、个人自愿参加、市场化运营的原则，已经非常接近百分百的私有财产。

2. 我国推进个人养老金业务发展的必要性

当前，我国养老金体系中，三支柱间的发展非常不平衡。养老金体系结构性问题突出，呈现出第一支柱独大，第二支柱覆盖面有限，第三支柱几乎缺位的局面。相关研究显示，当前社保体系对第一支柱的基本养老保险依赖度非常高。虽然第一支柱总量和金额不断提升，但第一支柱养老金替代率仍然逐年走低，目前已不足 50%，低于国际劳工组织规定的最低标准。在此背景下，发展个人养老金有利于完善养老保险体系，缓解国家养老困境，具体表现为：

首先，个人养老金能够有效应对养老金发展不平衡问题，补充养老金体系。在我国，地区经济发展与人口收入不平衡问题较为显著，养老金的数额在不同的地区、对于不同的职业都存在差异。个人养老金能够有效应对这种不平衡。

其次，个人养老金能够促进人群对养老做出长期规划，推动储蓄养老向投资养老理念的转变。个人养老金相比于储蓄养老，能够获得更高的收益。推动第三支柱个人养老金发展，有利于合理规划个人的养老需求，也能有效地规避风险。

最后，个人养老金对国家金融结构能够起到正向作用。现阶段，市面上充

---

① 郑秉文：《中国养老金发展报告 2015——"第三支柱"商业养老保险顶层设》，经济管理出版社，2015 年，第 2～11 页。

② 中国保险行业协会：《中国养老金第三支柱研究报告》，中国金融出版社，2018 年，第 26 页。

③ 董克用：《个人养老金：积极应对人口老龄化的战略举措》，2022 年第 24 期，第 85 页。

斥着各类养老金融产品，缺乏统一监管标准，不利于资本市场健康发展。而个人养老金的出台，作为长期资产，能够促进社会平稳运营。

3. 多措并举推进个人养老金的普及

针对个人养老金下一步的发展有以下几点建议：

（1）政府应积极制定相关政策，引导第三支柱养老金的普及应用。政府应做好第三支柱制度顶层设计，从政策制度与管理制度等多层面，出台合理的书面文件，保障养老金融产品的合理运行；同时，应该充分发挥政府的监督职能、社会的舆论监督，保障个人养老金的实施。

（2）金融机构应开发多样化的养老金融产品，促进个人养老金发展。2018年4月，五部委联合发布《关于开展个人税收递延型商业养老保险试点的通知》，国内养老"第三支柱"正式启动。这个阶段的个人养老金是以产品的形式出现的，有养老储蓄、养老理财、养老目标基金、税延型商业养老保险、专属商业养老保险等五种产品。2022年4月，国务院办公厅发布《关于推动个人养老金发展的意见》，个人养老金从产品制进化成个人账户制，便于未来各支柱之间的养老金账户互通，以及便捷处理税收优惠政策执行、产品转换。参加人可以用缴纳的个人养老金在符合规定的金融机构或者其依法合规委托的销售渠道购买金融产品，并承担相应风险。收益率较高的基金产品是个人养老资金缴存者主要想投资的产品，但从目前 Wind 统计数据来看，个人养老金基金的盈利情况堪忧，不少基金收益率低于五年期银行定期存款利率，影响了投资者的投资积极性。因此，银行或保险业应依据自身特点，为客户提供更加多样化的、可靠的金融产品，做好业务宣传和缴费提醒，激发纳税人缴纳个人养老金来开展理财投资的积极性。

（3）加强养老金融教育，提升国民养老金融素养。我国基本养老金只能实现"保基本"功能，要使自身在老年时期生活得更有尊严和保障，个人养老金是群众提高养老保障水平的更优选择。但受国情影响，我国人口的养老金融素养普遍较低，居民对于处理金融产品不具备充足知识。同时，这些居民对于金融风险的防范意识比较差。这需要全社会参与进来，开展个人养老金和养老金融的相关普及行动，引导受教育程度较低的居民正确投资养老金融产品，形成一种金融普及的风气。

（张城瑞）

参考文献

［1］董克用，施文凯. 加快建设中国特色第三支柱个人养老金制度：理论探讨与政策选择［J］. 社会保障研究，2020（2）：3－12.

［2］董克用. 个人养老金：积极应对人口老龄化的战略举措［J］. 2022（24）：84－87.

［3］姜琳，申铖. 聚焦《个人养老金实施办法》［N］. 新华每日电讯，2022－11－06（3）.

［4］高和荣，陈凤娟. 个人养老金制度的实施、挑战与优化［J］. 西北大学学报（哲学社会科学版），2022，52（6）：82－89.

［5］李婕. 个人养老金制度来了 你会参加吗［N］. 人民日报·海外版，2022－10－25（11）.

［6］刘颖.《个人养老金实施办法》发布［N］. 中国财经报，2022－11－05（3）.

［7］罗浩，周延. 第三支柱个人养老金对养老金替代率的影响研究［J］. 中央财经大学学报，2022（11）：77－88.

［8］田月红，赵湘莲. 人口老龄化、延迟退休与基础养老金财务可持续性研究［J］. 人口与经济，2016（1）：39－49.

［9］中国保险行业协会. 中国养老金第三支柱研究报告［M］. 北京：中国金融出版社，2018.

［10］周子勋. 多措并举加快建立个人养老金制度［N］. 中国经济时报，2022－04－27（1）.

专题三
财政收入

案例 3－1
从税收趣闻看中国税收征管中的文化自信

【案例简介】

一、赵奢：严惩抗税者

赵国名将赵奢曾担任赵国的税务最高长官，他忠于职守，奉公守法。公元前271年左右，赵奢派人到赵王的弟弟平原君家中征税，平原君家中的九个管家倚仗权势，公然偷税逃税，抗拒缴纳国家税款，并将前去收税的税务官打伤。赵奢听闻此事，为了维护税法的尊严，冒着被杀、罢官的危险，依据当时的法律果断将这九个管家处死。

平原君闻讯后勃然大怒，扬言要杀死赵奢为管家报仇。赵奢主动上门拜见平原君后据理力争：你是赵国受人敬重的权贵，如果连你都藐视税法，那么国家法律的力量就会被削弱；国家法律的力量被削弱了，那么国家的实力就会被削弱；国家的实力如果被削弱了，那周边的其他国家就会虎视眈眈，趁机侵犯我国。到那时，赵国灭国了，你有什么富贵荣华可言？以你所处的地位，如果能奉公守法，上下就能团结一致，国家强大，政权才能稳定①。

平原君被赵奢的这一番大义凛然的话深深震动，顿时怒气全消。他不但没杀赵奢，反而向赵惠文王举荐赵奢，让他统管国家赋税。赵奢的秉公执法，很快使赵国国殷民富，赵国也逐渐成为"战国七雄"中的强国。

二、曹操：责弟治税

曹操是一个历来备受争议的人物，但其作为一个政治家、改革家，在赋税

---

① 张天雁：《古人治税逸事》，《税收征纳》，2011年第8期，第53页。

制度改革方面卓有成就。建安九年（204），由于国力屡弱，曹操于是颁布租调制，规定田租（税）按亩征收，每亩土地每年缴纳租谷四升；户调按户征收，每户缴纳绢二匹，绵二斤。同时还规定各地要严加检查，不许豪强地主漏缴田租和户调。实施租调制之后，社会经济得到了恢复和发展，并为后来隋唐实行租庸调制奠定了基础。曹操强调依法办事，严格贯彻租调制。他以身作则，不仅带头向国家缴纳赋税，还重用严于执法的官员，大力支持地方官员依法征税，打击违法的豪强。

曹洪自恃是曹操的堂弟，居功自傲，公然支持他在长社县的宾客不缴田租、户调，并公然阻止租调制的实行。长社县令杨沛依法办事，把那些公然违法不交税的宾客收而治之[①]。曹洪闻讯后，急忙找曹操，想请他从严惩处杨沛。与此同时，杨沛毫不畏惧，依法诛杀了抗税不交的那些宾客。曹操听说此事后，反而表扬了杨沛，重用杨沛为京兆尹。

三、包拯：曾任税官

包拯是北宋有名的清官，他一生担任过县官、州官、副丞相等职务。但鲜有人知道，包拯早期还担任过税务官。

包拯中了进士后，被任命为建昌（今江西永修）知县，因父母年迈需照顾，包拯没有就任。不久，朝廷委派他到和州（今安徽和县）去管理钱粮税收，和州离他老家庐州很近，他就赴任了。后来，包拯担任陕西等路转运使、三司户部副使、三司使等主管财政和税收的官职。

包拯当专职税务官员的时间虽然不长，但他一生都在关注税收，做了不少举荐财经人才、改进税收制度的事。他秉公执法，恪守职责，对于发展农业，改进征课制度，减轻民众负担，节约政府经费开支等多有建树。

【案例使用说明】

一、教学目标

（一）知识目标

（1）理解并掌握税收的本质。

---

① 周防、景胜：《古代帝王治税故事》，《税收与社会》，1994 年第 6 期，第 35 页。

（2）理解并掌握税收的三个特征，并思考特征之间的联系。

（二）能力目标

以税收的作用为主题，鼓励学生做课堂展示，并采取自评、互评、教师打分的模式，通过设置小奖励鼓励学生上课积极回答问题，培养学生语言表达能力。

（三）思政目标

以纳税小故事为案例进行导学，既增加了学生学习的趣味性，还能潜移默化地引导学生在今后的工作和生活中按时纳税，做到不偷税逃税。另外，通过举办征税相关话题辩论赛，培养学生的思辨能力，能够辩证地去看待事情的正反面，把正确的观点越辩越明。

二、启发思考题

（1）税收的本质是什么？具备哪些特点？

（2）政府为什么要征税，征税对我国的经济社会发展具有哪些重要意义？

（3）政府如果想征收更多的税，税率的制定是越高越好吗？如何看待我国近期大力推行的个税改革政策？

三、教学设计

（一）讲解税收的本质和特征

（1）教学形式：启发式教学。教师可以引导学生进行思考，鼓励学生积极表达自己的观点，并让学生在课堂上展开说明，解释为什么税收具有强制性、无偿性和固定性三个特征。并联系实际，通过对现象的观察进行诠释。

（2）教师讲解：解释说明税收的本质以及具备的特点。

（3）课后提高：结合所讲主题，组织课后的线上小测验，增强学生对所学知识的理解和应用能力。

（二）讨论政府为什么要征税

（1）课堂讨论：把学生分为不同小组展开讨论，让学生通过头脑风暴，深入思考税收的重要意义。

（2）小组汇报：各小组将讨论结果在课堂上进行汇报，教师根据学生的不同表现给予评价。评价注重鼓励为主、批评为辅的原则。

（3）教师讲解：教师带着学生一起总结税收在优化资源配置、提供公共物品、促进社会公平、促进市场竞争等方面发挥的重要作用。

（三）探讨税率是否越高越好

（1）教学形式：在课堂上举行辩论赛培养学生的思辨力。以"向富人征收更多的税，这事对不对"为题，把学生分为正反两个小组，既能够营造出轻松活跃的学习氛围，又能够培养学生的思辨能力，并在此过程中加深学生对相关知识的理解。

（2）教师讲解：解释说明税率的制定不宜过高，引入拉弗曲线理论。同时指出，税率不能过低，并讲解我国个税制度改革背后的现实意义。

四、理论依据与具体分析

（一）理论依据

"纳税人为何要纳税"，这一问题被众多学者从不同的视角加以探讨，并由此产生不同的课税依据理论。

1. 公共需求理论

公共需求理论认为国家的职能是提供社会公共福利满足公共需求，而社会福利需要得到政府支出费用的支持，税收则是实现国家职能必需的物质条件，所以才会要求人民缴纳税款。

2. 交换理论

交换理论建立在自由主义的国家学说基础之上。该理论强调国家和个人都是各自独立且平等的实体，因为国家的活动给人民带来了好处，所以人民就应该给国家提供相应的利益，税收则成为这二者之间的交换。

3. 义务理论

义务理论强调国家为了发挥其作用，必须运用国家的公权力强制课征税收，否则个人生活将难以得到保障，纳税人缴纳税款是其必须履行的义务。

（二）具体分析

1. 解读税收的本质和特征

我国社会主义税收本质，是国家筹集社会主义建设资金的工具，是国家凭借政治权力或公共权力对社会产品进行分配的形式，体现了为广大人民利益服务并满足社会公共需要的社会主义分配关系，其本质是"取之于民、用之于民"。

税收具有三个基本特性：强制性、无偿性以及固定性。其中，税收的强制性是指国家凭借其强大的公权力，以法律的形式规范了税收征纳双方的权利与义务，国家依据法律征税，公民应依法纳税，一旦违法将会受到法律制裁。税收的无偿性是指国家取得的税收收入，不会直接偿还给纳税人，也不需要对纳税人付出任何代价。但是实际上政府的税收收入会使用到国防、教育、医疗卫生、文化、基础设施等社会公共福利中，政府通过提供公共服务将税收回馈给纳税人，所以虽然不直接返还，但最终还是用之于民。税收的固定性是指国家在征税以前要通过立法预先规定征税对象、征税的数额与课税对象之间的数量比例（即税率），不得临时或随意变更征税的税率。

税收这三大特性是一个有机的整体，它们相互关联，缺一不可。无偿性是其本质，强制性是无偿性的保障，固定性是必要条件，这三者需相互配合。

2. 税收的主要作用

税收是现代国家财政收入的主要来源之一，也是政府实现宏观调控和社会公平的重要手段之一。税收要坚持取之于民、用之于民，发挥税收的财政收入、社会稳定、经济发展等职能，促进国民经济的发展和人民生活的改善[①]。

税收的主要作用可以分为以下几点：

第一，税收可以促进资源的合理配置。在市场经济中，资源的配置是由市场价格和供求关系决定的。然而，市场并不完美，存在信息不对称、外部性等问题，导致资源配置不够有效。政府通过税收的方式，可以对市场进行干预，调整资源的分配，使得社会资源能够更加合理地分配，增进社会福祉。

第二，税收可以促进公共物品的供给。公共物品是指具有非竞争性、非排他性的产品和服务，如国防、免费公路、市政设施等。由于公共物品的特殊性质，市场往往无法提供足够的供给。政府通过税收的方式，可以筹集资金用于建设和维护公共物品，保障公共物品的供给。

第三，税收可以促进收入公平分配。在市场经济中，收入分配不平等是普遍存在的问题。政府通过税收的方式，可以对高收入者征收更高的税率，对低收入者给予税收减免，实现收入再分配，提高社会公平。

第四，税收可以促进市场竞争。税收可以对某些行业或企业征收更高的税率，使得市场上的竞争更加公平，避免垄断和寡头垄断的形成，保护生产者和消费者利益。

综上所述，税收是政府实现宏观调控和社会公平的重要手段之一。税收可以促进资源的合理配置、公共物品的供给、收入公平分配和市场有序竞争，对

---

① 贾康：《税收应"取之于民、用之于民"》，《经济》，2015年第Z1期，第10页。

于现代国家的经济发展和社会稳定具有重要意义。

3. 对税率高低的评判

税率不是越高越好，也不是越低越好，而是越优越好。

税率不是越高越好。一方面，根据拉弗曲线理论，当税率越过最优税率点的时候，税率的提高反而会带来税收收入的下降，且微观经济主体的积极性会受到严重影响，从而导致政府不能达到增加税收收入的目的；另一方面，我国始终坚持以人民为中心的基本原则，过高的税率毫无疑问会使人民产生不满情绪，让人民对税收政策不予理解，所以税率的制定一定不是越高越好。

当然，税率的制定也不是越低越好。我国社会主要矛盾已经转化为人民日益增长的美好生活需要和不平衡不充分的发展之间的矛盾，而政府满足人民群众这些美好生活需要的主要途径就是通过财政支出提供公共服务。财政活动主要是·收一支，"收"主要来源于税收，如果税收减少了，财政支出就可能受到影响。目前财政支出中刚性支出占有很大的比例，特别是教育、医疗卫生、社会保障与就业、城乡社区和住房保障等民生支出。这些民生支出因为只能增不能减，被称为刚性支出。随着社会经济的发展，今后刚性支出规模还会不断加大。所以税率也不是越低越好，税率过低可能导致税收收入降低，政府无法提供更好的公共服务，从而降低人民群众的获得感和幸福感，也会导致经济停滞。

2019 年 1 月 1 日，我国新的个人所得税法正式实施，迈出了向综合所得税制模式转变的重要一步。这次改革优化调整了税率结构，税率由原来的 9 级超额累进税率调整为 7 级，取消了 15% 和 40% 两档税率，最低的一档税率由 5% 降为 3%。近期通过增加 3 岁以下婴幼儿照护这一专项附加扣除项，以及提高 3 岁以下婴幼儿照护、子女教育、赡养老人支出等三项个人所得税专项附加扣除标准等一系列调整，降低了纳税人的实际税负，相当于降低了税率，实施了减税。个税改革能够直接增加广大纳税人的可支配收入，大大降低中青年赡养老人、抚养子女的负担，提高居民消费能力，扩大消费即期支出，改善消费预期，更好发挥消费对经济社会发展的基础性作用。

（彭　连）

参考文献

[1] 贾康. 税收应"取之于民、用之于民"[J]. 经济，2015（Z1）：10.

[2] 李涛. 庆阳税务：用税收助力高质量发展 [J]. 发展，2020（6）：25—26.

[3] 李振军. 赵奢严惩抗税者 [J]. 涉外税务，1996（9）：48.

［4］吕冰洋，李昭逸. 税收精准调节收入分配的作用机理分析［J］. 税务研究，2023（7）：11－15.

［5］沈建波，卢艺，郭君. 减税降费：基于税收职能作用视角［J］. 财会通讯，2023（14）：165－170.

［6］田丽. 税收遵从理论及其对我国税收实践的启示［J］. 现代经济（现代物业下半月刊），2008，7（7）：23－25.

［7］叶煜. "奉公守法"背后的法故事［J］. 公民与法，2019（12）：41－44.

［8］张天雁. 古人治税逸事［J］. 税收征纳，2011（8）：53.

［9］周防，景胜. 古代帝王治税故事［J］. 税收与社会，1994（6）：35.

案例 3-2 纾困解难：
增值税留抵退税政策稳住宏观经济大盘

【案例简介】

自 2022 年起，中共中央、国务院推出了一系列新的税费支持政策，其中最为关键的一项是增值税留抵退税政策，该政策旨在将未抵扣完的增值税退还给纳税人。在增值税制度中，增值税抵扣通过一种链条机制来实现。销项税额按照销售额乘以产品对应的税率计算得出，进项税额按原材料供应单位开具的发票为准，企业当期增值税应纳税额按上述两项内容相减所得。当企业当期的销项税额低于进项税额时，就会产生未抵扣的进项税额，这部分即为留抵税额。自 2022 年 4 月 1 日起，我国正式实施增值税留抵退税政策，允许符合条件的企业办理留抵退税。政策提出后，很多小微企业陆续向当地税务机关提交退税申请，享受国家提供的退税政策。留抵退税政策是我国针对增值税做出的一项重要改革，具有规模大、受益广泛、分量重等特点，在缓解企业融资约束、支持市场发展、促进企业创新和维护税收公平等方面都产生了积极影响。

首先，增值税留抵退税政策可以有效应对宏观经济面临的多重压力，如需求下降、供给冲击及预期减弱等因素，有助于维护经济稳定，促进市场信心的恢复与增强。该政策具有明确的定位，主要针对特殊经济体和关键领域，如小微企业和制造业，通过激励企业提升产能、促进业务转型来增强市场的活力和竞争力，稳定宏观经济和实现可持续发展。该政策实施后，大规模留抵退税为宏观经济调控提供了有力支持；另外，在跨周期和逆周期调控方面，留抵退税能够弥补企业资金缺口，从而减轻市场波动对企业的冲击，确保经济运行的平稳。

其次，实施增值税留抵退税政策还能够加速资金回流，有力助推市场主体的稳定发展。自 2022 年起，增值税留抵退税政策向企业提供的现金流达到

1.5 万亿元①，直接提升了企业的即期收入水平。增值税链条抵扣机制关注销项税额和进项税额，而增值税留抵退税政策将未抵扣完的进项税额形成留抵税额，采用现金退还方式，直接支持企业，从而进一步促进资金回流。这种"真金白银"的支持，对于正在扩张或者急需资金支持的企业而言，具有雪中送炭的意义，有助于企业轻装上阵，更好地适应市场的变化。

最后，增值税留抵退税政策与其他减税政策相互协同，为企业提供多重效益。实施大规模留抵退税，有助于更加科学、平衡、完善的增值税制度的构建，为企业提供更加稳定和可靠的税收环境。政策的改革不仅能够降低企业的资金成本，还能增强企业的发展信心，提升税制环境的现代性和适应性。通过留抵退税政策，企业能够获得更多的现金流，从而更好地应对经济下行压力，稳定经营。

除此之外，实施大规模留抵退税也有助于提升企业的投资信心，进一步提升生产效率和市场竞争力。2022 年的留抵退税政策规模巨大，对市场主体和宏观经济都具有重要意义。从长远角度来看，该政策对企业的税制环境进行优化，为企业发展创造了良好的条件。另外，将留抵金额延续到下一期，可以降低企业的资金成本，增强它们的可持续发展能力，推动产业升级。

【案例使用说明】

一、教学目标

（一）知识目标

学习留抵税额及其存量、增量等基本概念，了解我国推出和实施增值税留抵退税政策的背景及发展历程，领悟增值税留抵退税政策的内涵及重要意义，知晓该政策是建立在当前国内社会经济状况和不同行业发展现实基础上的，同时该政策也参考了国际税制改革的普遍做法。

（二）能力目标

近年来经济低迷，政府采取"对留抵税额实行大规模退税，并且优先安排小微企业"这一举措提振了市场信心，激发了市场活力。通过该案例学习，学

---

① 汪文正：《1.5 万亿元留抵退税，谁受益？》，《人民日报·海外版》，2022 年 3 月 17 日第 4 版。

生提高分析问题解决问题的能力。

（三）思政目标

通过对税务人员落实留抵退税政策失职失责受到责任追究案例、骗取留抵退税案件等实际案例的学习，从征纳双方角度分析在落实留抵退税新政中如何精准识别、防范有关偷税和骗税风险，培养学生树立诚实守信的社会主义核心价值观。

二、启发思考题

（1）我国历年来的增值税留抵退税政策经历了怎样的发展历程？

（2）2022年增值税留抵退税政策面向的群体为什么主要是小微企业？

（3）以增值税留抵退税政策为例，探讨政府在制定税收制度时如何降低税收风险。

三、教学设计

（1）课前：预习税收章节的教材内容，掌握税收的定义、特征、分类以及税收制度构成要素，理解税收负担转嫁的方式，理解税收经济效应的主要表现。

（2）课中：发放案例资料，学生阅读案例和问题，分小组讨论并回答问题。

（3）课后：布置线上自测试题，巩固所学知识。

四、理论依据与具体分析

（一）理论依据

1. 税收激励理论

在现实生活中，绝大部分税收是扭曲的，会给纳税人带来负担。为了减轻纳税人的负担，税法中有一些条款会对纳税人的某些活动、资产、组织形式以及融资方式给予优惠待遇，这就是对于纳税人的税收优惠，对纳税人构成了一种激励。税收优惠直接影响着纳税人的收入，进而间接影响着他们的行为，这种影响又进一步扩展到整个社会的经济活动中，因此政府实行税收激励政策，从而对某一领域产生积极效应，最终实现政府预定的调控目标。增值税留抵退税政策就是一项国内生产特别激励政策，它对符合条件的小微企业给予特别的减免税待遇，为企业带来的特别鼓励与刺激为企业增加内部现金流，缓解税收对企业造成的资金压力，给予企业更多资金上的信心，使其用于固定资产的投资，提高技术创新投入，加快转型升级，实现技术进步。

2. 融资约束理论

融资约束理论用于描述企业的融资行为和企业的财务状况之间的关系，认为企业的融资行为受到其财务状况的约束，因此企业应该以合理的方式进行融资，以避免破产。企业获得运营资金的方式一般有内源融资与外源融资两种，依靠长期经营积累的利润为内源融资，股权融资和债权融资为外源融资。如果企业选择利用自有资金投资，则短期内大量资金流出可能影响到企业正常的生产经营活动。若企业依靠外源融资来获取投资资金，由于企业外部可能存在融资渠道匮乏、信息不对称、代理成本高等情况，外部融资成本相对于内部融资而言普遍较高，企业可能被迫放弃可以促进企业价值或绩效提升的投资项目。企业面临融资约束的困境，获取的融资不能满足日常经营和投资需要，投资决策无法达到利益最大化的方案，此时企业投资更加依赖内部资金。增值税留抵退税政策退还了企业的留抵税额，相当于直接增加了企业当期的经营活动现金流，能够直接缓解企业面临的融资约束。

（二）具体分析

1. 我国增值税留抵退税政策改革历程

2011年，《财政部国家税务总局关于退还集成电路企业采购设备增值税期末留抵税额的通知》正式出台，这是我国增值税留抵退税政策的萌芽。该政策适用范围有限，仅适用于特定领域。2018年，为了推动经济走向高质量发展，国家发布《财政部　税务总局关于2018年退还部分行业增值税留抵税额有关税收政策的通知》。该文件在原有退税范围的基础上进行了延伸，使政策更加广泛适用于不同行业和领域，这标志着我国增值税留抵退税政策迈向了一个新的阶段。2019年，增值税增量期末留抵税额退税制度开始在全国范围试推广，退税比例定为60％。《财政部　税务总局关于明确部分先进制造业增值税期末留抵退税政策的公告》于同年公布，体现出税收政策对制造业的重视，进一步促进了制造业的技术创新和产业升级。2022年4月1日，《财政部　税务总局关于进一步加大增值税期末留抵退税政策实施力度的公告》正式落地实施。该文件进一步扩展了留抵退税政策，实现了存量留抵税额的一次性退还。这一政策调整体现了增值税中性原则，缓解了市场主体的资金压力，为企业纾困提供了有力支持。

为了确保留抵退税资金及时到位，2022年财税和金融部门联合出台了一系列保障措施。首先，中国人民银行在2022年4月中旬上缴6000亿元利润至中央财政，将其用于支持留抵退税政策的实施以及地方转移支付。其次，中央财政也采取了倾斜政策，将退税资金下达至县市财政，为小微企业提供留抵退税支持。最后，为了减轻地方财政的压力，中央与地方财政退税比例得以调整，中央财政负担91%的责任，这极大地舒缓了地方财政的支出压力，保证企业可以切实享受到资金支持，且在保证公平的同时促进了税收政策的协调。

2. 2022年增值税留抵退税政策面向的群体

2022年增值税留抵退税政策面向的群体主要是小微企业。2022年，我国面临着需求收缩、预期转弱、供给冲击等多重压力，同时还要应对艰巨的疫情防控任务，经济复苏步伐较为缓慢。消费、投资和出口的恢复不稳定，同时还因俄乌冲突出现能源和原材料供应短缺及价格上涨等问题，输入性通货膨胀的压力也在增大。无论是宏观经济还是市场主体均面临着前所未有的困难，稳定就业成为首要任务。市场上存在着上亿的主体，它们是无数人就业和创业的希望。中小微企业是就业的主要渠道，然而它们的抗风险能力相对较弱。增值税留抵退税政策的核心在于，允许退还企业已缴纳的留抵增值税款，从而使企业获得一定的财务支持。增值税留抵退税政策有助于缓解中小微企业融资问题，提升预期，进而鼓励企业将更多资金用于固定资产投资，加强实质性的研发创新投入，提升创新能力，有助于稳定就业。另外，该项政策对于一些有逐利动机、倾向于预防储蓄的企业而言，也可以弱化其上述思想，避免"脱实向虚"的风险，引导企业更专注于投资主业，从而提升市场价值。

总的来说，市场主体是我国经济的基础，提升市场主体的价值将推动经济的高质量发展。因此，留抵退税政策通过缓解企业融资问题，有助于保障经济的稳步增长，维护市场主体和宏观经济的稳定。在当前的复杂经济形势下，这一政策对于促进中小微企业的发展和就业的稳定具有积极意义。

3. 增值税留抵退税政策中体现的降低税收风险设计

留抵退税政策作为一种应对税收风险的手段，坚持了增值税的中性原则，通过将未抵扣的税额返还给纳税人，可降低纳税人的纳税成本。这一政策不仅有助于保持税收的中性和公平，还创造了更友好的营商环境。通过分担机制，高税收企业地区承担更多的退税责任，有助于缩小财政收入差距，进而促进地区间的均衡发展。

为了鼓励企业提升管理水平并增强税收遵从度，留抵退税政策设立了信用等级门槛，使企业在享受政策红利的同时更加严格地遵守税收法规。然而，尽管留抵退税政策可以增加企业的现金流，但也存在虚开增值税发票的风险。因此，为确保政策的顺利实施，税务机构采取了一系列举措。一方面，在政策传达上加大了宣传的力度，运用智能化税务手段，以确保相关企业能够准确获悉政策内容，并得到相关服务，从而保证他们充分享受政策带来的好处；另一方面，税务机构对增值税异常信息进行实时跟踪监管，不断强化风险防范措施，以确保在退税审核的起始阶段有效地管控各类风险。通过加大金税工程建设力度，在智慧税务监管下，企业每一笔增值税纳税行为都可监控可追溯。企业不法行为都能被税务部门及时发现，涉事企业被依法予以追缴税款、加收滞纳金和罚款、降低纳税信用等级以及列入税收违法"黑名单"受到联合惩戒等处理。涉嫌犯罪的，还将被追究刑事责任。在条件允许的情况下，尝试对高风险行业或重点行业以及低风险行业实施不同的退税审核流程并进行分类管理。以上政策多管齐下，可有效降低留抵退税政策执行中的税收风险。

（段海英　仲家琳）

参考文献

[1] 蔡伟贤，沈小源，李炳财，等. 增值税留抵退税政策的创新激励效应 [J]. 财政研究，2022 (5)：31—48.

[2] 丁东生，许建国. 增值税留抵退税的国际借鉴 [J]. 国际税收，2019 (8)：71—74.

[3] 丁丽芸. 增值税留抵退税问题探析——基于全国统一大市场视角 [J]. 税收经济研究，2022，27 (5)：23—28.

[4] 丁琴，王婷婷. 增值税留抵退税管理的国际经验及启示 [J]. 国际税收，2022 (8)：51—55.

[5] 李华，张彩虹，路洁. 增值税留抵退税政策运行调研分析及推进建议 [J]. 税收经济研究，2022，27 (1)：19—27.

[6] 李华林. 大规模留抵退税政策4月1日起实施——为宏观经济稳定提供强力支撑 [N]. 经济日报，2022-04-06 (7).

[7] 李旭红，安瑞雪. 我国留抵退税制度的发展历程、积极效应及未来展望 [J]. 国际税收，2022 (8)：3—9.

[8] 秦海林，刘岩. 留抵退税能否助力制造业升级——基于增值税留抵退税政策的准实验 [J]. 税收经济研究，2022，27 (5)：1—14.

[9] 危素玉. 增值税留抵退税政策及长效机制建设 [J]. 地方财政研究，2021 (1)：60—66.

[10] 朱江涛. 增值税留抵退税政策探析与建议 [J]. 税务研究，2022 (8)：114—120.

案例 3-3
万众瞩目下的房地产税，做好准备了吗？

【案例简介】

随着经济的腾飞和生产力的发展，中国进入了社会主义新时代，人民的生活水平迅速提高。随着税收制度改革持续推进，与老百姓生活息息相关的"房地产税"备受关注。早在 2011 年，中央就分别在上海、重庆两座城市进行了房地产税改革试点。上海对普通居民家庭新购置的第二套及以上住房和非本地居民家庭在上海新购买住房征收房产税；重庆则是主要对个人拥有的独栋商品住宅，个人新购的高档住房，在本地同时无户籍、无企业、无工作的个人新购的首套及以上的普通住房征税。但因课税对象范围过小等，两地的房产税改革均未达到比较好的征税效果。2021 年 10 月 23 日，全国人民代表大会常务委员会做出了授权国务院在部分地区开展房地产税改革试点工作的决定，进一步明确了房地产税试点的改革目标、实施路径、征收对象等。尽管目前我国大范围征收房地产税的政策条件尚未成熟，但我国有必要开征房地产税是社会各界的共识，房地产税离老百姓的日常生活已越来越近。我们将从征收房地产税的必然性和目前时机不成熟的原因入手，分析我国房地产税相关情况。

房地产税是一个综合性的概念，学术上的定义是政府向房产与房产所占土地征收的一种财产税，实际上，所有与房地产经济运行过程有直接或间接关系的税收都能纳进房地产税中，如耕地占用税、土地增值税、契税、房产税、城镇土地使用税、城市维护建设税等都可算入广义的房地产税。狭义的房地产税通常指房产税，本文主要讨论的是房地产税中的房产税，即以房屋为征税对象，计税依据依靠房屋的市面计税价值的一定比例或房产出租收入的税种。

我国 GDP 总量庞大，根据国家统计局发布的数据，2023 年我国 GDP 达到 126 万亿人民币①。近十年来，我国 GDP 总量一直位居世界第二，但存在收入分配不平衡、城乡收入差距大、地域收入差距大的现象，人民渴望拥有更加优质的生活服务和更为公平、有效的分配制度。

"衣、食、住、行"是人民生活最重要的组成部分，如图 1 和图 2 所示，2006—2022 年期间房地产市场持续火热。除 2022 年外，住宅商品房销售面积持续保持近 5％ 的年增长速度，全国平均房价连年走高，"买房难"成了困扰年轻人的一大难题。

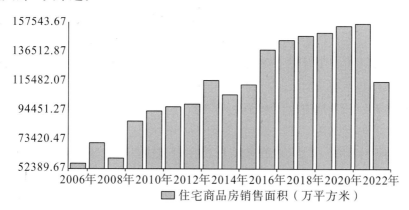

图 1 2006—2022 年房产销售面积图

资料来源：笔者根据《中国统计年鉴》历年数据自行整理得出。

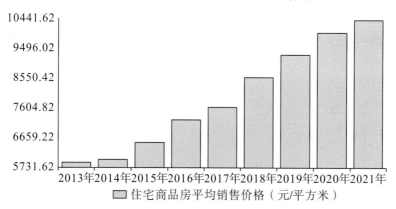

图 2 2013—2021 年房价走势图

资料来源：笔者根据《中国统计年鉴》历年数据自行整理得出。

在部分城市，年轻工作者往往为第一套住房背上沉重的房贷，需要大半辈

---

① 盛来运：《攻坚克难回升向好 夯基蓄能向新而行》，https://www.stats.gov.cn/xxgk/jd/sjjd2020/202402/t20240229＿1947921.html。

子才能还清。对于大部分中低收入群体而言，持续走高的房价极大地抑制了个人和家庭的幸福感，给家庭生活带来巨大的经济负担。步入社会主义新发展阶段，如何在尽可能兼顾效率的同时，维持良好的社会公平和实现共同富裕，成了亟待解决的问题之一。房地产税具有调节收入差距的作用，对我国房价的波动具有直接影响，现阶段任何有关房地产税的政策都备受关注。

按国际惯例，房地产税费征收对象和来源大多来自房产存量，但我国现行政策是对非营业用房产免征房产税，居民拥有房产在持有环节并未缴税。新房在房产交易环节需要向政府缴纳契税、印花税等，二手房交易涉税事项会更多。但产权人一旦拥有房产证后，就不必再为非营业用房缴房产税。房地产开发商则需要在获得土地的开发权时向政府缴纳一笔土地出让金及相关房地产税，这些税费是地方财政收入的主要来源。

地方政府对土地财政依赖性强的问题终将被终结。在未来，伴随社会经济的发展，经济活动所需的土地数量将不断增加，政府可供出让的土地面积会逐渐减少。土地出让收入的逐渐减小，地方财政的收支缺口会加大，地方政府难以再保证财政的收支平衡，而中央为调节地方财力均衡提供的转移支付是有限的，地方政府必须自己承担起收支平衡的责任。房地产税是最适合地方政府征收的税种之一，为保证地方税收的稳定来源，将房产税的征税对象由房地产增量转移过渡到房地产存量是"去土地财政化"最直接的办法，也是国际惯例。对居民拥有的房产在确保公平的前提下设计税制进行课税，可以形成地方政府稳定的财政收入来源，解决土地财政现阶段不可持续的难题，也能够更好地实现共同富裕的战略目标。

2021年10月中央出台的《授权国务院在部分地区开展房地产税改革试点工作的决定》吸取上海、重庆房产税试点改革的经验，提出"为积极稳妥推进房地产税立法与改革，引导住房合理消费和土地资源节约集约利用，促进房地产市场平稳健康发展"。专家估计，试点的地区可能以房价居高不下的热点一线城市为主，不同于以往上海、重庆两地试点仅对房产增量征税，房产新政将涉及房产存量。早日落实房地产税改革试点方案，让房子回归居住属性，有利于稳定市场预期，也有利于楼市走稳，促使房价涨落回归到市场机制的调节中，促进房地产市场平稳健康发展。

【案例使用说明】

一、教学目标

（一）知识目标

巩固学生已经学习过的税收制度相关知识，学习房地产税相关概念和征收范围，深化学生关于税收负担、非税收入的知识点，思考实行房地产税的成熟时机仍未到来的原因并分析可能面临的阻碍。

（二）能力目标

（1）培养学生学以致用的能力。通过对税收基本知识的学习，建立起关于税收制度的基础理论体系，巩固计税依据、征税对象、征税范围、税率的基本知识，结合房地产税试点实际实施情况，提高学生理解相关知识的能力和自主学习能力。

（2）培养学生创新思维的能力。通过学习了解当下的热点税制问题，鼓励学生大胆思考，为最有可能试点的城市设计开征方案，为解决土地财政问题出谋划策。

（三）思政目标

（1）培养学生坚持问题导向的分析思维。通过学习上海、重庆两地试点政策，探讨实现共同富裕的有效路径。引导学生将所学税收知识同我国基本国策相结合，从而提升学生对于政府经济政策目标的认知情况。

（2）增强学生对中国特色社会主义道路的归属感和自豪感，激励学生将所学知识与社会建设路线和相关政策融合。

二、启发思考题

（1）对房产税的征收是如何体现"共同富裕"思想的？

（2）请简要分析上海、重庆两地房地产税试点效果不佳的原因。

（3）请简要分析征收房产税可能面临的困境和时机尚不成熟的原因。

三、教学设计

（1）布置课堂翻转任务，要求学生查询资料。

首先，从税收要素入手，请学生分组汇报房地产税课税对象、纳税人和税率在实际现实中的运行情况。其次，以 2011 年开展的上海、重庆两地房产税试点和《全国人民代表大会常务委员会关于授权国务院在部分地区开展房地产税改革试点工作的决定》为依据，引导学生在课前大致了解试点方案，从税收要素分析试点内容。

（2）组织小组讨论。

引导学生运用所学习的税收相关知识，思考在房地产税税制设计时为体现收入合理分配原则可采取的具体措施。

四、理论依据与具体分析

（一）理论依据

1. 共同富裕理论

共同富裕指人民群众不断发展生产力，在增加社会财富的同时，共同分享经济发展的成果。共同富裕遵循社会公平的原则，但不是绝对平均的收入分配。共同富裕是中国特色社会主义理论体系的重要组成成分，是经济发展与社会公平的有机统一。

2. 税负转嫁理论

税负转嫁理论研究开始于西方自由资本主义时期。17 世纪英国经济学家霍布斯研究过消费税的税负转嫁问题，18 世纪重农学派开始把税负转嫁作为税收理论问题进行系统研究。从税负转嫁理论的历史演变来看，大致可以分为绝对说和相对说[①]。税负转嫁的绝对说给税负转嫁做出绝对结论，认为一切税收都可以转嫁，或除某些税种可以转嫁以外，其他税种均不能转嫁。税负转嫁的相对说认为税负转嫁问题取决于不同的税种、课税商品的性质、供求关系、具体经济环境以及纳税人利用转嫁可能采取的手段措施等。一般而言，相对于课税对象在垄断支配之下，课税对象在竞争支配之下时，税负更容易发生转嫁；课税范围广的税种比范围小的税种更易转嫁；资本流动越难，税收负担转嫁的可能性越小——现代税负转嫁的观点大多赞成税负转嫁的相对说。

（二）具体分析

1. 房产税征收与实现共同富裕

征收房产税目的之一是打破房价持续上涨的预期，抑制房价过快增长。

---

① 郭庆旺、宛新丽、夏文丽等：《当代西方税收学》，东北财经大学出版社，1994 年，第 161 页。

党的二十大报告再次明确"房子是用来住的、不是用来炒的"①的政策方向不动摇，鼓励人民将房产用于居住而非炒作投机，减少人们投机炒房的动机，保障人民基本的居住需求。

房产税作为一种财产税，能够抑制高收入群体通过投资房地产获得不断增长的财产性收入，让房子回归居住属性。一旦开征，受影响最大的是户型大、套数多的高收入群体以及拥有投机需求的炒房客。同时，由于住房持有成本的增加导致投资需求的减小，上涨的房价能够得到一定的控制，在一定程度上能够减轻中低收入群体买房的压力，使得刚需买房者不仅有更多选择，还能买到便宜的住房。此外，对于只能选择租房的低收入租客群体，设计的免征或豁免额度大致包括了该群体选择的住房，且城市还有公租房、保障性租赁住房可供选择，房地产税的征收对租金的影响有限，税负较难转嫁，保证了低收入群体基本的租房利益。

通过合理的税制设计，房产税可以对住房刚需群体和刚改群体进行适当的免税保护，缩小收入分配差距。房产税的征收有利于实现"居者有其屋"的理想，保护广大的中低收入群体的居住权益，体现我党执政为民的行政理念，使每一个人民都能享受到国家经济发展的成果，以利于打造更加健康和谐的社会环境，实现共同富裕。

2. 上海、重庆两地房地产税试点效果不理想的原因

（1）税基小，征税税率低。试点中重庆的房产税主要只对高档住房征收，上海的房产税主要是针对增量房产，而非存量，征税范围有限。重庆房产税最高征收税率为1.2%，上海最高税率为0.6%，都较为温和。试点十余年，上海房产税收保持稳定上升趋势，但对地方财政收入影响微弱。江莉、蔡鹏、刘端怡根据公开统计数据和上海市房产税细则，通过新建商品房和二手住房均价、120平方米以上住房交易量，估算出对居民住房征收房产税额从2011年的1.44亿元逐年递增，到2019年达到29.84亿元。上海市房产税（居民住房）占一般公共财政收入的比例从2011年的0.4%上升到2019年的0.42%②。由此可见，上海对居民住房开展房产税的征税行为对提升地方财政收入的作用并不显著。

① 习近平：《高举中国特色社会主义伟大旗帜　为全面建设社会主义现代化国家而团结奋斗——在中国共产党第二十次全国代表大会上的报告》，人民出版社，2022年，第48页。

② 江莉、蔡鹏、刘端怡：《房地产税出台会造成多大的影响？——以上海为例的实证分析》，《上海经济》，2021年第3期，第40～41页。

（2）避税空间大。由于免税面积和家庭第一套住房不征税的制度设计，存在较大的合法规避空间：房产投机者购房可购买多套预计升值的符合免税面积的房产；夫妻可通过假离婚的形式，对额外的一套房产进行合理避税等①。

（3）购买行为扭曲，违背税收中性。在重庆试点中，房产税的免税面积限定在了 100 平方米。研究发现在重庆试点中，建筑面积 200 平方米以上的住房新开工面积同比降低了 4.5%，面积大小在 100 平方米以下的房产市场量同比增加了 17.8%。将重庆与全国平均水平进行对比，2011 年重庆高档住宅的销售面积同比下降了 36.3%，而全国高档住房销售面积的下降幅度仅为 11%，重庆市下降幅度明显高于全国平均水平②。房产税在重庆实施之后，小面积房产和大面积房产的价格增长指数差别显著，其中小面积住房价格维持了较为稳定的增长趋势，而大面积住房价格则持续下降。重庆在房产税改革中，征税范围过窄，税源小，是房产税征收效果不佳的重要原因。

2024 年 1 月 24 日，重庆接连发布《重庆市人民政府关于修改〈重庆市关于开展对部分个人住房征收房产税改革试点的暂行办法〉和〈重庆市个人住房房产税征收管理实施细则〉的决定》和《重庆市促进房地产市场平稳健康发展领导小组办公室关于进一步调整优化房地产政策措施的通知》等政策。毫无疑问，这些新政策将促进房地产市场健康发展，并成为其他地方政府制定房产税试点政策的重要依据。

3. 征收房产税可能面临的困境和时机尚不成熟的原因

（1）配套的法律法规不完善。房产税的开征是改变现有税赋重流转、轻保有的现状，但目前与房地产市场发展相适应的法律法规体系尚未建立。从纳税人的角度而言，相关房地产的购买本身的法律意义就是获得土地或房产的 70 年或其他年限的使用权，计划实施的房产税实际上是向使用权征税，因此需要设计相关法律法条，建立完善相关房产税法案。

（2）可能扭曲住房购买行为。从课税对象的角度而言，由于为了保障居民的基本住房需求，房产税的征收需要豁免低收入群体、房产面积小的住户，因此不能避免税基过窄的问题，可能存在对购房行为的扭曲。原本购买高端商品房的居民转而购买价值更低一级的住房，挤占了针对中低收入群体的中小面积

---

① 夏商末：《房产税：能够调节收入分配不公和抑制房价上涨吗》，《税务研究》，2011 年第 4 期，第 24 页。

② 范子英、刘甲炎：《为买房而储蓄——兼论房产税改革的收入分配效应》，《管理世界》，2015 年第 5 期，第 21 页。

住房市场。高端房产的房价降低，而中小面积住房房价升高，政策本应为调节收入差距矛盾，反而加大了中低收入群体买房的压力。

（3）存在房价快速下跌，影响金融市场稳定的风险。房地产行业作为我国国民经济的支柱性产业，急需解决的是高库存、周转慢的问题。政府目前一系列的政策侧重于提升房地产市场融资需求，激发市场购房需求。一旦短时间内在全国开展房地产税的征收，虽然会在长期提高投机炒房者的持有成本，但短时间内会形成房价下跌预期，投机者将会抛售手中的多套房产，大量房产涌入房地产市场带来的冲击可能会导致房价的崩盘，房地产公司和贷款购房者不能偿还银行贷款，引发连锁的金融业、银行业系统化危机。房地产是重要的金融风险源头，房产税政策的改革需审慎推出。在市场提前充分释放房产税预期压力后，渐进推行的房产税对房地产市场的冲击可以达到最小化。目前我国经济下行压力较大，各城市大范围征收房产税的时机并不成熟。

（4）对老年人的经济自足活动可能产生冲击。我国"买房养老"的观念依然普遍存在，退休老人"以房养老"并不是少数现象。在目前的养老政策之下，老人能够获得的退休金略显拮据，房产租金收入是其退休金的有益补充。加大力度对房地产存量进行征税，提高征税税率，可能会影响到老人晚年的生活福利，出现部分老年人难以缴纳房产税的现象。在房产税制度设计上，政策制定者还需要多参考借鉴外国经验，充分论证，兼顾各方需求，使得房产税产生的额外负担最小化。

（张凌扬）

参考文献

［1］范子英，刘甲炎. 为买房而储蓄——兼论房产税改革的收入分配效应［J］. 管理世界，2015（5）：18－27＋187.

［2］刘甲炎，范子英. 中国房产税试点的效果评估：基于合成控制法的研究［J］. 世界经济，2013，36（11）：117－135.

［3］陆荣艳. 我国全面开征房产税可行性分析［J］. 合作经济与科技，2021（23）：169－171.

［4］彭浩荣，蒋雨桥，向运华. 房产税对房产价格影响机制的实证分析［J］. 统计与决策，2022，38（4）：165－168.

［5］任强. 典型国家的房地产税及思考［J］. 工信财经科技，2022（4）：20－29.

［6］石青川. 房产税"试点"十年，重庆收了多少税？［J］. 中国经济周刊，2021（20）：98－100.

[7] 唐在富. 中国土地财政基本理论研究——土地财政的起源、本质、风险与未来 [J]. 经济经纬, 2012 (2): 140-145.

[8] 夏商末. 房产税: 能够调节收入分配不公和抑制房价上涨吗 [J]. 税务研究, 2011 (4): 19-25.

[9] 尹彦辉, 洪群联, 孙祥栋. 共同富裕背景下房地产税改革的收入分配效应研究 [J]. 宏观经济研究, 2022 (8): 24-38.

[10] 张怀雷, 陈妮. 实现共同富裕的税制结构优化研究 [J]. 财会研究, 2024 (2): 19-26.

案例 3-4　税费支持，财政奖补：
助力长江流域水生态质量提升

【案例简介】

生态文明建设是推动经济可持续发展的重要动力，也是满足人民对美好生活向往的必经之路。水是万物之源，"水生态"越来越受到各省市的重视，它不仅涉及整个生态系统的好坏，而且还影响到人民群众的饮水用水安全。财政部和长江流域各级地方政府出台了相应财政措施，以改善流域内的环境质量，推动流域经济与社会绿色转型。

为支持长江经济带高质量发展，财政部于 2021 年 9 月 2 日发布了财预〔2021〕108 号文，即《关于全面推动长江经济带发展财税支持政策的方案》。该方案规定，长江经济带的生态治理需要更好发挥一般性转移支付调节作用，加大污染防治专项资金投入力度，减轻地方政府发展生态文明建设的财政负担。同时也要将国家绿色发展基金精准投向长江经济带，积极修复生态环境①。国家绿色发展基金首期规模 885 亿元，中央财政出资 100 亿元，沿江省市政府和社会资本参与出资。同时，推动中国政企合作投资基金（中国 PPP基金）对沿江省市符合条件的政府和社会资本合作（PPP）项目给予优先支持。地方财政部门需要按照方案要求开展行动，确保在治理与发展工作顺利进行的同时按照正确的方向、采用正确的手段支持长江经济带高质量发展。

我国采取征收税费的方式进行水污染的治理。2003 年 7 月 1 日，我国开始实施《排污费征收使用管理条例》，政府通过行政性手段收取排污费，坚持"谁排污，谁承担"的原则，排污费的收入从中央到各区县进行一定比例的分配。该管理条例实施以后，该项措施的一系列弊端暴露了出来：由于排污收费

---

① 财政部：《关于全面推动长江经济带发展财税支持政策的方案》，2021 年。

没有纳入税收体系，缺乏权威性，所以它对于建立企业保护环境的约束机制和激励机制的作用极为有限。除此之外，排污费征收数额与治理污染的真实成本相比差距很大，导致部分企业宁愿缴费也不愿意改善设备技术保护环境。

为更好发挥税费政策对企业的正向激励作用，2018年我国颁布《中华人民共和国环境保护税法》，通过税收手段对环境污染造成的负外部性进行矫正。

近年来，浙江省不断探索促进生态文明建设的制度和资金保障措施，于2017年出台了《关于建立健全绿色发展财政奖补机制的若干意见》，利用财政杠杆的调节功能，实行"谁污染谁交费，谁保护谁受益"的治理原则，以此调动各地保护生态的积极性。该机制实施后，地方政府提高地方环境质量的主动性与统筹环境治理财力的能力得到双重提升。鉴于该政策取得显著成效，2020年浙江省启动新一轮绿色发展财政奖补机制，着力助推浙江省生态文明建设迈上新台阶。

新一轮奖补机制中，浙江省对出境水水质的奖罚力度明显加大。尤其是针对淳安县和开化县，Ⅰ类、Ⅱ类出境水占比，每年每1个百分点分别给予360万元、180万元奖励，比上一轮翻了一倍；Ⅳ类、Ⅴ类出境水占比，每年每1个百分点分别扣罚180万元、360万元，同样也是翻倍。新一轮奖补机制突出提升水质和保持水质并重的特点，适当提高了水质占比的奖惩标准[①]。

各项财政措施的精准发力与各地政府的不懈努力相结合，长江流域生态保护修复攻坚战成效显著。2020年长江流域的水质优良断面比例达到96.7%，高于全国平均水平13.3个百分点[②]。2019年，浙江省221个地表水省控断面Ⅰ至Ⅲ类水质比例为91.4%，比2016年提高14个百分点[③]。

坚持治理为了人民，治理依靠人民，治理成果由人民共享。由于环境污染存在负外部性，存在市场失灵，因此需要政府干预环境治理。长江流域各地方政府采取的"治水""护水"措施大同小异，但都体现了治理水生态的正向激励与倒逼企业绿色发展的理念。生态治理需久久为功，方能善作善成。

---

① 中共浙江省委组织部：《浙江启动新一轮绿色发展财政奖补机制》，http://zj.people.com.cn/n2/2020/0511/c186806-34007694.html。

② 高敬：《长江流域生态环境保护成效如何？看这份报告怎么说》，https://www.gov.cn/xinwen/2021-06/08/content_5616114.htm。

③ 中共浙江省委组织部：《浙江启动新一轮绿色发展财政奖补机制》，http://zj.people.com.cn/n2/2020/0511/c186806-34007694.html。

【案例使用说明】

一、教学目标

（一）知识目标

（1）通过学习浙江省政府在绿色发展方面的财政创新举措，了解政府在市场失灵的情况下，如何发挥财政的作用使其在公共领域有所作为。

（2）通过学习绿色新发展理念，了解环境保护税的征税细节及其对长江流域生态环境保护的作用。

（3）深刻理解绿色发展的内涵。

（二）能力目标

（1）通过引导学生参与讨论，增强学生理论联系实际的能力，拉近案例与学生的距离，促使学生进行深度思考。

（2）在课堂讨论环节对学生进行分组，以组为单位回答问题、发表意见，锻炼学生的分工协作和沟通协调能力，培养团队合作能力。

（3）通过学习案例中各地区不同的绿色财政措施，深化学生对财政在绿色生态治理方面的积极作用的思考，拓展思维，增强对比学习能力。

（三）思政目标

（1）牢固树立环境保护意识，呼吁学生关注、重视、保护生态环境，在案例的学习中潜移默化地形成保护环境的意识。

（2）感悟习近平新时代中国特色社会主义思想对于我国江河治理、环境保护、社会发展等多方面的指导意义，树立环保意识。

二、启发思考题

（1）引导社会资本参与长江生态治理有哪些好处？

《关于全面推动长江经济带发展财税支持政策的方案》提到"鼓励支持各类企业、社会组织参与长江经济带发展"这项措施，请结合本案例以及查阅相关资料，思考引导社会资本参与长江生态治理有哪些好处。

（2）我国进行排污费"费改税"的原因？

结合案例和自己所学知识，请思考排污费改为环境保护税的原因。

（3）请比较征收环境保护税与浙江省实施财政奖补机制的不同。

对开征环境保护税和创新运用"激励与惩罚"的财政制度进行环境治理这两种政策进行比较，分析两者的不同点。

三、教学设计

（一）教学方法与手段

（1）组织学生观看视频。

在央视网上查找并下载水污染严重进而受到政府重拳治理的视频，让学生通过直观的图片、文字与音乐感受到，保护水生态是一件大事，并且就发生在我们身边。通过视频吸引学生眼球，激发学生的学习积极性。

（2）开展启发式教学。

奖惩并举是案例中出现的两种污染治理方式。通过案例分析引导学生朝正确的方向思考对策，针对教学内容的重难点，授课教师将与之有关的理论放到案例中，与案例相结合让学生在潜移默化中自主形成对理论的理解和认识。

（3）开展问答式教学。

对于给出的思考题，授课教师邀请学生作答，并根据回答内容邀请其他学生进行补充或反驳；如若已没有补充和反驳的内容，授课教师应根据实际情况继续追问，学生继续回答；最后学生得出自己的答案，以印证教科书的理论结论。

（二）教学组织方式

在教师讲授完教学内容后，可以循序渐进引入案例并分析案例。具体的教学环节设计如下：

第一步，询问班上是否有家乡在江河流域内的学生，请学生讲讲其所了解到的自己家乡地方政府治理水污染的措施。

第二步，发放案例，让学生在规定时间内自行阅读并思考问题。

第三步，分小组讨论，四人或五人一组（依据班上人数适当确定每组人数），每个问题分配两到三个组，每组派一个代表抽签决定回答问题的顺序。当一个小组回答完毕，同组或其他小组成员可就回答内容进行补充或反驳。

第四步，询问学生自己对于该案例是否有想提出的问题，可以请其他学生来回答；若没有学生能回答，则由教师负责回答清楚。

第五步，对各小组整体情况进行打分，并要求以组为单位将自己小组所负责的问题答案进行整理，形成书面材料，在下次课提交，作为平时成绩的依据。

案例的教学组织如表 1 所示。

表 1　案例 3-4 的教学组织

学习阶段	学习内容	时间限制	学习目标
课前	回顾政府与市场的关系。 请学生在网络上浏览《关于全面推动长江经济带发展财税支持政策的方案》，查找有关社会资本参与长江治理的现状与成效的内容。 浏览《中华人民共和国环境保护税法》与《排污费征收使用管理条例》，了解环境保护税与排污费的大致内容	提前 2 天	了解相关概念和基本原理
课中	教师发放案例资料，学生阅读案例和问题，并思考问题	10 分钟	学习案例
	分小组讨论并回答问题，围绕社会资本参与长江治理、增大政府转移支付支持、排污费改环境保护税、浙江省绿色发展财政奖补机制等进行分析。结合思政元素，激发学生对于国家政策大政方针的认同感，引导学生树立正确的价值观念，感受我国在构建绿色美丽中国，治理河流污染方面的积极作为，增强民族自豪感和制度自信	25 分钟	探讨和分析案例，运用案例的学习加深对税费理论的理解，深化对市场和政府关系的认识。进一步延伸课堂内容，做到理论联系实际，在教学过程中达到思政教育的目的。学生以组为单位回答问题、发表观点，锻炼学生的沟通协调能力和团队合作能力
课后	要求学生深入学习新时代公共财政思想，了解长江流域水生态环境治理的现状以及存在的问题。 学习论文 Guojun He, Shaoda Wang, Bing Zhang. Watering down environmental regulation in China [J]. The Quarterly Journal of Economics, 2020, 135 (4): 2135-2185.		巩固所学内容，拓展学习相关知识

四、理论依据与具体分析

(一) 理论依据

1. 外部性理论

外部性是指私人成本与社会成本或私人收益与社会收益的非一致性。产生外部性的主要原因是某人或某企业的行为影响了其他人或其他企业，却没有为之承担相应的成本费用或没有获得相应的报酬补偿[①]。

河流流域沿岸不少企业会往河道排放污染物，上游企业排放的污染会对下游企业造成负外部效应，除此之外还会对河流流域生态环境和周围居民产生负外部效应。企业以盈利为目的，不会自觉承担社会责任去减少污染排放，环境保护税以及各种财政措施可以凭借政府权力来降低负外部效应所损失的效率。

2. 绿色发展理念

绿色发展是指在经济发展过程中，注重生态保护和资源利用效率的提高，推动经济可持续发展和环境质量改善的一种发展理念。绿色发展理念是新发展理念的内容之一，是对可持续发展概念的延伸，其含义和意义更深刻。习近平总书记指出："绿色发展，就其要义来讲，是要解决好人与自然和谐共生问题。"[②] 绿色发展，不仅把生态环境作为可持续发展的必要条件，还将其作为一种民生产品，把坚持人与自然和谐共生作为社会经济发展的一个基本方略。绿色发展更强调环境和发展之间的相互促进作用。习近平总书记指出："绿水青山就是金山银山；保护环境就是保护生产力，改善环境就是发展生产力。"[③] 贯彻绿色发展就是要做到发展和绿色兼顾。

(二) 具体分析

1. 引导社会资本参与长江流域水污染治理的好处

发挥市场作用，减轻政府财政负担。长江流域具有支流多、范围广等地域特征，流域治理需要注入大量资金，很难单独依靠国家和地方政府的财政投入对流域实现有效保护治理，有必要引进财政以外的资本支持并创新运作模式。几年疫情过后，我国经济下行压力增大，政府财政负担加重，在此背景下，通过引入社会资本进行治理能够在一定程度上缓解财政压力，甚至可能取得比单

---

① 《公共财政概论》编写组：《公共财政概论》，高等教育出版社，2019 年，第 37 页。
② 习近平：《习近平谈治国理政（第二卷）》，外文出版社，2017 年，第 207 页。
③ 习近平：《习近平谈治国理政（第二卷）》，外文出版社，2017 年，第 209 页。

凭财政投入更好的效果。

鼓励社会力量参与到政府投资项目可有效提高资本投资效率。由于社会资本具有盈利特征，讲究投资回报，会非常关注项目资金的去向和使用效率。社会资本的引入可以加强项目的投资管理和监督，提高资金使用透明度，提高资源配置效率。此外，鼓励社会力量参与环境治理，可以发挥市场优胜劣汰的竞争机制，将治理河流的资源分配给最有效率的企业，由此取得提高江河治理效能的效果。

协调政府与市场的关系，实现政府与市场的双赢。政府是治理长江流域的主体，通过引入部分社会资本、社会力量加入河流治理中，能为以后处理政府与市场的关系提供经验与范例。

2. 我国进行排污费"费改税"的原因

面对日益严峻的环境问题，行政事业性收费的特征已无法满足环境治理的需要，必须利用税收的强制性来加强管理。未改革前，排污费数额确定后，由负责污染物排放核定工作的环境保护主管部门向排污者送达排污费缴纳通知单，排污者按规定到指定的商业银行缴纳排污费。改革后，环境保护税由税务机关依照《中华人民共和国税收征收管理法》的有关规定征收管理，环境保护主管部门依照有关环境保护法律法规的规定负责对污染物进行监测管理。排污费属于行政性收费，由环保部门征收。排污费自身的自愿性、不固定性等特征阻碍了排污费的征收，征收对象摇摆不定、征收税额无法确定，最终征收排污费的根本目的——减轻污染便无法达成。环境保护税由税收部门征收，具有强制性和固定性，征收人员相关方面的素养更高、能力更强，整个过程更加规范。从分配结果来看，排污费取后是从中央到地方依次分配，而环境保护税则是全部分配到地方，更有利于地方政府积极征收并因地制宜使用财政收入。

由排污费到环保税，是从"费"到"税"根本性质的变化。排污费实行期间，收费设计的不合理致使企业宁愿缴费也不愿意增加保护环境的成本，形成"劣币驱逐良币"的局面。排污费改为征收环保税，有利于形成正向激励机制，使认真严格按照节能减排标准进行排污处理的负责任企业真正获得好处，从而最大限度地提高地方治理的效能。

发挥正向激励作用。由于排污费的征收没有统一标准，且总体来看征收标准较低，达不到鼓励企业治理污染、减少排放的预期。环境保护税能够根据行业情况制定固定的税率标准，起到正向激励的效果，鼓励企业自身治理排放出来的污染，从源头上解决污染问题。

3. 对比分析征收环境保护税与浙江省实施财政奖补机制

首先，环境保护税针对排污的企业进行征税，直接对"造成污染"的主体进行"惩罚"，由此关系到企业的成本和利润，促使企业改进提高治污技术。而浙江省的奖惩机制面向各县市政府，促使地方政府加强管理，再由地方政府根据当地实际情况激励和引导企业行为，最终取得治理污染和提高生态质量的政策效果。

其次，浙江省的奖励机制对于生态保护达到标准的地方政府给予显性的财政资金奖励，对不达标政府进行扣罚，激励政府拿出强有力的措施整改环境。以 2019 年为例，浙江省财政既对 49 个市县奖励 1.08 亿元，也对 14 个市县扣罚 0.77 亿元。相比之下，以税收的形式来奖励和惩罚的力度弱了一些，企业不能因为治理了排除的污染物而直接得到收益，但是却可以因此少交或不交环境保护税，减轻了企业的税负，属于隐性的奖励补贴。

最后，环境保护税作为全国适用税种已有立法文件，具有全国普适性。浙江省发布的若干意见作为规范性文件，内容变换较为灵活，能够针对地方特点适时修改，调整周期较短，保持了各县市的地方特色。例如，2020 年的新一轮奖补机制为了突出提升水质和保持水质并重，适当提高了水质占比的奖惩标准，并将湿地生态补偿作为一项新政策，纳入新一轮绿色发展财政奖补机制中。奖补机制变动的灵活性强，能够更好适应生态环境和社会经济发展的变化。

（张玉玲）

参考文献

[1] 胡晓双，裴潇. 财政分权、环境税对产业结构优化升级的影响——基于长江经济带 11 个省市的实证 [J]. 统计与决策，2020，36（20）：136-139.

[2] 姜迎春. 习近平生态文明思想的方法论特点——习近平总书记关于黄河治理的若干重要论述研习 [J]. 人民论坛，2020（25）：132-134.

[3] 姜智强，刘伊霖，曾智，等. 财政环保支出对农业生态效率的影响研究——来自长江经济带发展战略的经验证据 [J]. 经济问题，2022（6）：113-122.

[4] 刘佳奇. 环境保护税收入用途的法治之辩 [J]. 法学评论，2018，36（1）：158-166.

[5] 刘艳婷，周津羽. 绿色税制点"绿"成"金" [J]. 中国税务. 2022（3）：32-33.

[6] 张瑞，王格宜，孙夏令. 财政分权、产业结构与黄河流域高质量发展 [J]. 经济问题，2020 (9)：1－11.

[7] 浙江省人民政府办公厅关于实施新一轮绿色发展财政奖补机制的若干意见 [J]. 浙江省人民政府公报，2020 (8)：24－27.

[8] 赵玉明，杨颖. 完善我国环境保护税问题研究 [J]. 中国管理信息化，2022，25 (3)：138－141.

专题四
政府预算

案例 4-1 流程再造赋能数字财政
——以"免申即享"实现"一网通办"

【案例简介】

党的十八大以来，习近平总书记多次就数字中国建设做出重要论述、提出明确要求。2023 年，中共中央、国务院印发《数字中国建设整体布局规划》（以下简称《规划》），提出了数字中国建设的整体框架。《规划》出台后，数字中国建设的顶层设计和路径目标更加明确，标志着数字经济被放到更重要的位置。

2023 年 4 月，第六届数字中国建设成果展览会在福建省福州市开幕。该展览从数字基础设施、数据资源、数字经济、数字政务等 11 个方面，多角度展示了各部门、各地方数字化发展创新实践以及数字中国建设进展和成效。其中，安徽省惠企政策资金"免申即享"平台作为安徽省重点推荐项目，在高科技云集的展会上，以独特优势成为展会上的"网红"。

安徽省在以数字化推动财政治理能力现代化方面走在了全国前列。自2022 年 5 月起，安徽省财政厅与安徽省科技厅、安徽省数据资源管理局等，开展了以工业互联网思维为基础的"免申即享"服务。"免申即享"平台是全国首次打通政策资金发放平台与财政预算管理一体化系统的数字中国建设成果[①]。该平台并非新建的信息系统，而是以已有的"皖企通"APP 为链接点，打通涉企系统、预算管理一体化系统、安徽省 16 个市和省经信厅等主管部门20 多套系统之间的"数据通道版"信息系统，让惠企政策业务和数据可以通过市场监管、财政、税务等部门实现跨部门跨层级协同共享。同时，将原来

[①] 朱卓：《在全国首次打通政策资金发放平台与财政预算管理一体化系统——"免申即享"让惠企政策无感落地》，《安徽日报》，2023 年 3 月 30 日，第 10 版。

"企业申请、部门受理、部门审核、预警比对、财政复核、部门兑现"六个环节精简为"意愿确认、部门兑现"两个环节。安徽省用数据在管理部门内部跑路，节约了企业申请惠企资金补助的时间，为企业做好了服务型工作。

"免申即享"平台设计更为精妙的地方是系统通过大数据抓取政策和企业信息，根据企业画像自动筛选出符合政策规定的企业，并将政策精准推送给企业。具体而言，申报信息由平台自动获取和填写，企业收到申报信息后只需确认。主管部门获取"皖企通"推送的涉企项目申报信息后，对企业进行严重失信、重大税收违法等预警筛查，对存在预警的项目进行审核。所有审核通过的项目按流程提交到财政部门复核，复核通过后的涉企项目形成惠企项目清单，自动推送至预算管理一体化系统。资金兑现主要由财政资金拨款和非财政资金拨款两部分组成。其中财政资金兑现的，无需企业和个人提出申请，由有关部门直接向企业或个人发放；不属于财政资金兑现的，由有关部门发出通知后，按照有关政策直接执行。对于可以通过预算管理一体化系统进行资金兑付的项目，在惠企项目清单确认兑付后，系统自动将结果反馈"皖企通"，告知企业。

用好用足惠企政策，是企业、市场、政府三方共赢的事。当惠企政策不再"束之高阁"，而是"近在咫尺"，企业信心足了、发展好了，市场的主体才能迸发生机，政府的税收也就有了源头活水。一直以来，安徽省企业反映存在惠企政策兑现难等问题，企业对于优惠政策普遍存在找不到、看不懂、不会办的困扰，对降低制度性交易成本有需求、有期待。平台启用后，企业无需资料、无需申请、无需找人就可以得到财政奖补资金，不仅缓解了企业资金周转困难，也为企业腾出了更多可以从事生产经营的时间和精力。便捷的惠企政策提高了政府工作的效率，增强了中小微企业的信心，进而提升了市场活跃度，推进营商环境持续改善。

企业对"免申即享"政策表示出极高的满意度。自2023年3月1日"免申即享"平台上线运行以来，截至9月8日，平台累计兑付财政资金47.9亿元，兑现政策1049项，涉及项目19568个，惠及企业13729家[1]。安徽惠农建设集团有限公司负责人对惠企政策资金到账表示惊喜，自己既没申报，也没提交资料，只是收到了"皖企通"平台"提醒确认企业信息"的短信，在核实平台信息无误并一键确认后，没多久企业就拿到了57万元奖补资金[2]。淮南润

---

① 曹堂哲：《推动数字财政治理效能持续提升——安徽惠企政策资金"免申即享"的探索与启示》，《中国财经报》，2023年9月12日第5版。
② 朱卓、王弘毅：《"免申即享"让惠企资金一键直达》，《安徽日报》，2023年8月12日第2版。

成科技股份有限公司负责人也同样收到了这份"惊喜"，自己在平台上点一下，奖励补助当天就到账了，并表示准备将首次获得的大数据企业奖补投入智慧矿山等方面的研发①。

安徽省"免申即享"的平台和政策，是地方政府进行流程再造的成功案例，是财政惠企政策数字化的成果，也是数字财政治理的典范。主动为企业推送已预填的惠企资金补助申报表格，实现企业业务"一网通办"，极大地推动政府、企业和市场协调配合、合作共赢的良性局面，促进政府部门从被动服务向主动服务转变，为企业和市场带来了新的活力与生机，为地方政府加强数字治理作出了宝贵的示范，也为推进数字中国建设添智赋能。

【案例使用说明】

一、教学目标

（一）知识目标

（1）了解"财政是国家治理的基础和重要支柱"的重要内涵。

（2）通过国内外数字财政发展的比较考察，掌握数字财政发展的主要路径。

（3）通过分析"免申即享"平台惠企资金申领流程，理解预算管理一体化的管理逻辑。

（二）能力目标

（1）锻炼学生逻辑思维能力。

安徽省"免申即享"平台是财政预算管理一体化的充分实践。以"金财工程"开始的财政信息化管理，借助信息网络拉近了中央到地方各级财政、财政到部门及单位的管理间距，有效整合了财政预算管理中各流程环节。通过整体案例学习，学生可理解"免申即享"平台中的管理逻辑线，并运用专业知识阐述该流程是如何串联起政府各层级间协调合作，让惠企政策落到实处。

（2）培养学生系统思维能力。

安徽省"免申即享"平台是全国首次打通政策资金发放平台与财政预算管

---

① 柏松：《暖政"免申即享"，红利"一键直达"》，《安徽日报》，2023 年 5 月 16 日第 2 版。

理一体化系统的数字中国建设成果，是涉及政府、市场和企业三个主体参与的体系，需要学生从整体、协同和开放的维度中，着眼全局，把握财政治理的关键点，以社会利益作为价值追求。

（3）提高学生创新思维能力。

安徽省"免申即享"平台让过去的"人找政策"变为政府运用大数据实现"政策找人"的模式，这不仅是一个简单的办事流程起点的转变，还是财政部门服务理念的转变，是管理制度的创新。通过案例学习，学生可以梳理以前发放惠企奖补资金管理流程的痛点，理解新流程制度创新的巧妙之处，提高创新意识。

（三）思政目标

以人民为中心是治国理政的出发点和落脚点。安徽省"免申即享"成果，运用大数据平台技术实现"政策找人"，是政府主动为企业提供高质量服务的典范。该项改革措施被各地广泛学习，并且从惠企政策进一步推广至社会群体，起到了以点带面的积极作用。通过案例分析，学生能够深切领会以人民为中心的治理思想，培养树立为人民服务的理想信念。

二、启发思考题

（1）安徽省"免申即享"平台是全国首次打通政策资金发放平台与财政预算管理一体化系统的数字中国建设成果。请结合本文材料并搜集相关信息，阐述"免申即享"平台如何实现数字赋能和数字财政治理，让企业快速享受到政策优惠。

（2）安徽省"免申即享"平台是数字财政治理的典范，若将该模式复制到其他省，你认为有什么值得借鉴的地方？

（3）结合安徽省"免申即享"平台的运行，请收集相关材料，阐述数字财政如何助推国家治理现代化。

三、教学设计

（一）探讨"免申即享"平台带来的流程再造对数字财政治理的影响

（1）教师讲解：流程优化和流程再造的基本原理、数字财政治理的含义和特征。

（2）案例讨论：以企业和政府双重角度对"免申即享"平台的运行流程进

行讨论，全面分析"免申即享"平台给企业、政府和市场带来的影响。

（3）小组分析：组织学生开展讨论，探讨除了安徽省"免申即享"平台外，身边的财政管理流程还可以在哪些方面进行创新。

（4）教师点评：管理流程的创新能力是经济学专业的学生应该重点培养的能力和素质。通过案例分析，教师可以引导学生运用"以人民为中心"的发展思想，从服务流程客户为起点评价本案例中的可圈可点之处，并结合政府预算管理中的奖补资金申报流程，帮助学生熟悉预算管理专业知识。

（二）总结数字财政治理的经验并加以借鉴

（1）案例讨论：学生通过查询资料，分析在财政管理领域借鉴安徽省"免申即享"平台成果的其他改革案例，讨论优化数字财政治理的建议。

（2）教师讲解：点评学生的作业，总结其他省份类似"免申即享"的其他业务，阐述数字财政飞速发展给财政预算管理带来的重要影响。特别是以财政治理中的热点和难点问题为导向进行改革的案例，分析各相关案例中盘活存量数据，协同互助，激发数据新活力的优秀做法。

（三）分析数字财政助推国家治理现代化

（1）小组分析：通过安徽省"免申即享"平台、浙江省"浙里办"APP等数字财政案例分析，理解数字财政给现代财政带来的影响。

（2）教师讲解：通过公共物品供给与需求、政府治理机制等多个角度讲解数字财政治理在建设社会主义现代化国家中的重要意义。

四、理论依据与具体分析

（一）理论依据

1. TOE 理论

TOE（Technology-Organization-Environment）理论最早由托纳茨基（Tornatizky）和弗莱舍（Fleischer）于 1990 年提出，也被称为"技术-组织-环境"理论。该理论认为一项创新技术的应用受到技术、组织、环境三方面因素的共同作用[①]。TOE 理论被广泛应用于政府信息化服务能力、政府数据开发等领域研究，指导政府预算管理一体化建设。

政府预算管理一体化建设可以理解为一个受技术、组织和环境等因素共同

[①] 刘兵、周思阳、袁天荣等：《TOE 理论视角下预算管理一体化研究》，《财会通讯》，2024 年第 4 期，第 126 页。

作用和联动匹配的过程。预算管理一体化，就是将统一的预算管理规则嵌入信息系统，提高项目储备、预算编审、预算调整和调剂、资金支付、会计核算、决算和报告等工作的标准化、自动化水平，实现对预算管理全流程的动态反映和有效控制，保证各级预算管理规范高效[①]。

近年来，由于公共预算支出范围和总量快速扩张，传统财政数据收集、传递方式需要向数字财政转型。2020 年财政部出台的《预算管理一体化规范（试行）》对推动数字财政建设显得尤为及时。数字财政发展目标构成了预算管理一体化建设的组织环境，以高速、高效为特征的大数据技术为财政资金的实时追踪和效率评价提供了技术支持。预算管理一体化平台有助于实现预算活动的全部门、全方位和全过程监管，进一步统一了财政数据的格式标准等，有利于打通政府公共职能、政府与社会间的信息渠道。2023 年 4 月，财政部颁布《预算管理一体化规范（2.0 版）》，进一步扩大了预算管理一体化系统实施的深度和广度，中国数字财政建设迈上了新台阶。

2. 业务流程再造理论

"业务流程再造"的缩略语 BPR（Business Process Reengineering），是管理咨询工作者迈克尔·哈默（Michael Hammer）和詹姆斯·钱皮（James Champy）1993 年在其著作《企业再造》中提出来的，其内涵是对企业的业务流程（Process）进行根本性（Fundamental）再思考和彻底性（Radical）再设计，从而获得在成本、质量、服务和速度等方面业绩的显著性的（Dramatic）改善。按照该定义，业务流程再造意味着从战略角度重新审视组织内现行的营运和管理模式，抛弃现行模式中的陈规陋习，创造全新的工作方法，对组织的业务流程进行重新构造。

2013 年 1 月，在广州市两会上，市政协常委曹志伟展示了一张他绘制的投资项目建设审批"万里长征图"：在广州投资建设一个项目，审批需经 100 个环节，盖 108 个章，花 799 个工作日。问题提出不到 10 天，广州提出限时整改意见，由市法制办联合有关部门着手流程简化，必要的时候对流程进行彻底性再设计。修改投资项目建设审批"万里长征图"是运用业务流程再造思想推进政府审批流程改革的标志性事件，其改革进展备受关注。不到 100 天，《广州市建设工程项目优化审批流程试行方案》颁布实施，之后广州市政府推出改进的 2.0 版本，调整审批事项和顺序，实现了从串联审批到并联审批的转

---

① 曲哲涵：《以"一体化"提升财政治理效能（财经观）》，《人民日报》，2023 年 2 月 27 日第 18版。

换。2014 年 1 月，广州又将实际具有行政审批性质或指定的具有行政审批前置条件性质的检测、技术审查、年审、测量、咨询等项目编入流程图，出台《广州市建设工程项目联合审批办事指南》。2017 年 4 月，《广州市人民政府关于建设工程项目审批制度改革的实施意见》出台，取消办理事项 5 项，合并办理事项 5 项，并联办理事项 1 项，企业投资类建设工程项目从立项到竣工的审批时长缩短到 145 个工作日。在"万里长征图"改革建议促使下，广州市政务服务数据管理局打造客厅式服务模式，提供全流程保姆式代办业务，并且开通全国第一部"E 办事"。同期，我国各个地方政府运用数字技术提高政府服务效能的创新举措层出不穷，企业和老百姓办事便捷高效，享受到了改革红利。

（二）具体分析

1. "免申即享"平台带来的业务流程再造提升管理效能的具体体现

通过存量数据挖掘和部门协同资源库，提升数据资源利用效率。长期以来，"数据孤岛"和"数据烟囱"林立的现象普遍存在，盲目建立新平台并不能解决这一问题。如果缺少统筹规划，存量数据资源仍然得不到有效利用和价值发挥，治标不治本。安徽省聚焦减税降费、就业创业、科技创新等重点领域，推动所有省级涉企资金主管部门和 16 个地市全面系统梳理现行的惠企政策，对政策条件进行"数据化"后录入"皖企通"平台，搭建形成"政策库"。同时，用"打标识"技术对曾经享受过惠企政策的企业按照行业、规模、享受过的政策情况等打上标识，形成"企业库"。注重存量数据挖掘、部门协同进而打造的"政策库"和"企业库"（简称"两库"），不仅解决了新建信息数据系统花费昂贵的问题，还让数据资源得到了更加充分的使用。

通过管理流程再造，提高信息匹配的准确度。"免申即享"平台将财政预算管理一体化系统、财政涉企预警比对系统与安徽省直部门、各市的 20 多套项目申报系统的数据通道打通，实现了惠企政策业务跨部门跨层级协同，站在方便企业的角度进行政策供给全流程改革，用数字化倒逼政府流程再造。比如，围绕新兴产业的政策资金下达，组建了省新兴产业发展专项资金工作专班，由省发展改革委、省财政厅牵头，省十大新兴产业专班办公室参与，共同推进政策"免申即享"兑现。"免申即享"平台依托存量数据使得政策与企业精准匹配，政府主动识别优惠政策并帮助企业提出预申请，企业只需要一键确认，由政府相关部门跨层级协同，就能帮助企业依法依规顺利得到奖补资金。这个案例不仅是数字治理简化政府管理流程的典范，更是政府主动服务企业，从"人找政策"变为"政策找人"这一治理理念的颠覆性改变。

纳税人满意度提高，节约企业办事时间。"免申即享"平台基于"两库"信息，再通过大数据分析、人工智能辅助，让政策精准匹配符合条件的企业，"皖企通"再通过短信形式告知企业申报，企业省去繁琐的查找政策信息、填申报表、等待多部门审批、资金到账等时间，提高了申报效率。通过数据资源互通互联，惠企政策的资金申报、审核、预警比对和兑现实现管理闭环，让资金当天就可以快速直达企业。倒逼政府流程再造与创新，能有效克服信息不对称，进一步提高公共物品供给满足需求的精准度和纳税人满意度。企业活力增强，政府税收增加，进而为企业提供更好的服务，由此形成良性循环。

2. 评价"免申即享"平台在财政治理方面可推广的经验

首先，聚焦财政治理中的热点和难点问题，推行管理流程再造。安徽省"免申即享"平台是财政治理现代化的典型成果，其成功是可复制的，对各省普遍存在的"看不到政策""看不懂政策"等问题，提供了良好的解决思路：聚焦财政治理中的热点和难点问题，从政策作用对象（流程客户）的实际需求出发，站在客户需要角度，而不是政府部门管控角度，推行流程变革。在流程优化时，财政政策主要实施部门为流程管理者，由其负责推动部门协同。流程优化时，注意建立与财政惠企政策相关的政策库和企业库，利用大数据完成信息匹配。通过精简一些审批环节、实现部门协同和数据共享、变串联流程为并联流程，节约流程运行时间。"免申即享"平台的成功，最重要的是流程改革体现了"以人民为中心"的管理理念，这种改革精神值得在财政治理的各方面进行推广。

其次，盘活存量数据，协同互助，激发数据新活力。"数据孤岛"和"数据烟囱"提醒我们大数据开放共享的意识淡薄、部门协同不畅。安徽省"免申即享"平台通过各层级间连通、盘活、共享和共用存量数据资源，打通预算管理系统相关的各业务部门的信息连接。利用信息化和数字化技术，建立在线审批平台，实现审批过程的自动化和线上化，提高审批效率和质量。

最后，运用数字技术加强财政资金全流程管理，提高财政支出绩效管理效率。财政支出绩效管理需要有事前评估、事中监控、事后反馈，需要有评估数据支撑和评价结果的实时反馈，安徽省"免申即享"平台均可实现上述要求。该平台打造了事前政策找人、事中监控、事后评价和结果运用一体闭环的预算管理体系，即事前做好新出台惠企政策的前置审查，把纳入"免申即享"的惠企政策作为年度预算安排的重要依据，确保"能免尽免"。实施过程中，在"免申即享"平台上可以对资金流动和政策要求进行双重监督，对项目实施过程中的所有数据进行汇总和测算，以评估政府的财政绩效。惠企资金划拨企业后，根据企业反馈调整优化管理。"免申即享"平台的改革措施，可推广运用到预算资金使用的多情景，流程客户既可以是企业和个人，也可以是财政资金的使用部门，通过管理流程的优化提高财政支出绩效管理效率。

3. 数字财政助推国家治理现代化的具体表现

财政是国家治理的基础和重要支柱，我国的数字财政建设不仅逐步实现政府收支的一体化，也正逐步带来财政管理实务的变革和创新。

数字财政可以提高政府提供公共服务的精准度和质量，实现治理目标人本化、治理方式规范化。信息不对称和外部性导致市场失灵的现象时有发生，且人们对公共服务和公共物品存在着"用脚投票"的内在逻辑。数字财政能真实地反映纳税人对公共物品的需求，测算政府和市场提供公共物品供给的数量和类型，及时对公共物品供给的全流程进行决策、监督和反馈。运用大数据平台技术可以通过让信息数据跑路，节约企业和个人的办事时间，促进惠企资金尽快到达，节约企业的财务成本并提高满意度。

数字财政通过地方政府财政预算管理一体化、大数据应用智能化、财政信息系统云化和省市系统部署集中化，实现预算编制、执行、核算、内控、绩效、监督等全流程管理。在存量数据搭建的数据库中不断更新和生成事前评估、事中监控、事后评价所需数据，可用于全程监督和绩效评价，减少预算管理的时间并提高企业满意度。有了数字财政提供的数据支持和管理制度保障，企业涉税和奖补资金运行更为快捷，交易成本降低，政府也可有效扩大税基并进一步扩大税收规模。此外，数字财政可以通过数据和网络的方式，形成"财政资金—政策—企业和个人"的链条，提高财政资金监管效率。

相较于其他国家，我国数字经济规模位居世界前列，数字财政覆盖面广。我国的数字财政建设不仅正推进政府收支管理方式的创新，也正逐步推动政府职能转变和政府治理现代化。

（段海英 程 丽）

参考文献

[1] 曹堂哲. 推动数字财政治理效能持续提升——安徽惠企政策资金"免申即享"的探索与启示 [N]. 中国财经报，2023-09-12（5）.

[2] 李晓媛. 探索推进预算管理一体化系统建设 [J]. 财会学习，2023（29）：74-76.

[3] 李玉华. 数字经济背景下的数字财政建设 [J]. 财会研究，2022（10）：

21—24.

[4] 刘兵，周思阳，袁天荣，等. TOE 理论视角下预算管理一体化研究 [J]，财会通讯，2024（4）：125—130.

[5] 水藏玺. 业务流程再造 [M]. 5 版. 北京：中国经济出版社，2019.

[6] 王婷婷，杨明慧. 数字财政的发展动因、主要挑战与优化路径 [J]. 财政研究，2023（5）：103—115.

[7] 王志刚，赵斌. 数字财政助推国家治理现代化 [J]. 北京大学学报（哲学社会科学版），2020，57（3）：150—158.

[8] 王志刚. 数字财政建设的实践与思考 [J]. 财政科学，2021（11）：41—46.

[9] 谢易和，许家瑜，许航敏. 数字财政：地方实践、理论辨析及转型思考 [J]. 地方财政研究，2021（4）：14—21.

[10] 许梦博，寇依. 数字财政研究进展与展望 [J]. 财会研究，2023（8）：17—24.

[11] 赵术高. 预算管理一体化的数字财政治理逻辑 [J]. 财政监督，2023（15）：19—25.

案例 4-2
取财有道：遇到"紧日子"该如何过？

【案例简介】

2021 年 12 月 17 日，国务院办公厅督查室发布《关于河北省霸州市出现大面积大规模乱收费乱罚款乱摊派问题的督查情况通报》，指出霸州市严重违反党中央、国务院决策部署和政策要求，违规出台非税收入考核办法，组织开展运动式执法，逐利特征明显，社会影响恶劣。

为弥补财力紧张及不合理支出等产生的缺口，2021 年 9 月份，霸州市人民政府办公室印发《霸州市非税收入征管工作考核奖惩办法》，违规提出将非税收入与征收单位支出挂钩，并将非税收入完成情况纳入乡科级领导班子和领导干部绩效考核。10 月份，在 6 月份已经完成非税收入预算 7 亿元的情况下，霸州市政府又向下辖乡镇（街道、开发区）分解下达了 3.04 亿元的非税收入任务①。在多种督导措施的推动下，各乡镇（街道、开发区）、村街以安全生产执法检查等多种名义，对中小微企业和个体工商户进行集中罚款、摊派、收费，获取"三乱"收入的手法五花八门。大面积大规模乱收费、乱罚款、乱摊派违反了《中华人民共和国预算法》《中华人民共和国行政处罚法》《禁止向企业摊派暂行条例》等法律法规，严重侵害了广大中小微企业的切身利益，破坏了当地营商环境，直接抵消了减税降费的政策红利。这种行为严重损害了党和政府的公信力，暴露出有些地方及官员政绩观出现严重偏差，没有真正树立过"紧日子"的理念。

河北省、廊坊市、霸州市对督查发现的问题高度重视，积极组织整改。霸

---

① 国务院办公厅督查室：《关于河北省霸州市出现大面积大规模乱收费乱罚款乱摊派问题的督查情况通报》，https://www.gov.cn/hudong/ducha/2021-12/17/content_5661671.htm。

州市于 2021 年 12 月 6 日停止相关违法违规行为，12 月 9 日废止两个涉及非税收入征管工作考核奖惩的违规文件，12 月 28 日前对涉及的 2443 家企业全部清退核查认定的违规收费罚款 6424.91 万元，并逐一向企业见面认错道歉且获取谅解。根据核查情况，在中央纪委国家监委指导下，河北省对相关责任单位和责任人进行了严肃问责处理①。

逐利性执法②的产生，与地方政府未能完全贯彻中央"收支两条线"管理政策有关，暴露出政府在全口径预算管理中存在政策执行偏差。亡羊而补牢，未为迟也。可喜的是，霸州市财政局 2023 年 12 月在减税降费专栏上发布了非税收入管理的新规定，不仅动态公示行政事业性收费和政府性基金目录清单，做到收费项目和标准合法、合理、合规，而且将各级涉费单位涉费项目、涉费标准、收费主体、收费依据、减免规定、监督举报电话等涉费信息公开，还将非税收入缴款"电子化"，以实现对其进行科学准确的会计核算。霸州市人民政府正以实际行动，向老百姓交出整改答卷。

霸州市人民政府乱收费行为的导火索是该市政府出现财政困难。在经济下行压力下，政府坚持减税降费，会在短期带来政府财政收入增幅放缓甚至收入减少。在财政支出方面，由于政府助企纾困，且不少支出具有刚性特征，这就可能导致政府的支出扩大，收支缺口扩大。对待"紧日子"，开源节流是政府解决问题的惯常思维，增加收入虽然是一个可行之策，但政府应该取之有道，不能采取乱收费、乱罚款、乱摊派的方式，更不能采取逐利性执法。盘活国有资源资产，转让、租赁政府已收储的闲置土地、各类公共基础设施、其他可利用资源等措施也不失为可用之计。

在财政不能有效"开源"的情况下，政府采取"节流"措施过一过"紧日子"，才能带领老百姓过好日子。这意味着政府应把勤俭办一切事业贯彻到财政工作全过程和各方面，厉行节约办事业，缩减"三公经费"。严格执行会议差旅、资产配置、政府采购等方面的制度规定，硬化预算约束，可把更多的"真金白银"省下来用于支持民生和市场主体，节用裕民，把财政资金用于发展的紧要处、民生的急需上。

---

① 方童、祝龙超：《河北整改"霸州乱收费乱罚款乱摊派"：市委书记市长等被问责》，http://he. people. com. cn/n2/2022/0326/c192235-35193049. html。

② 逐利性执法是指由地方行政权主导的或在司法经费与罚没所得相挂钩体制下的，以获取经济利益为主要目的的司法行为。

【案例使用说明】

一、教学目标

（一）知识目标

（1）掌握非税收入以及政府性收费的定义、内容及其管理等知识点。

（2）掌握我国的全口径预算管理知识，熟悉我国的预算制度改革历程。

（3）了解我国预算制度改革方向。

（二）能力目标

（1）学生通过查询资料，熟悉我国"非税收入"等改革历程，提升学生的文献查询能力和自主学习能力。

（2）结合党的二十大报告、近期政府工作报告等，了解我国预算制度改革的重要性与未来方向，提高专业素养。

（三）思政目标

（1）厚植财政为民情怀，提升经世济民的职业素养。

（2）引导学生形成正确的价值判断，树立正确的功利观。

（3）提升学生的守法观念，促进法治国家的建设。

二、启发思考题

（1）思考罚没收入、政府性收费属于政府的哪类收入，应如何纳入预算管理。

（2）谈谈该案例对于规范政府性收费的启示。

（3）本案例对大学生成长有哪些启示？

三、教学设计

（一）布置翻转课堂的资料收集任务

2014年《中华人民共和国预算法》修订后，形成了全口径预算管理体系。预算的完整性原则要求政府全部预算收支都必须纳入预算管理，不允许出现预算外收支。请学生自主收集资料认识我国政府预算"四本账"的内容、构成等，形成对政府预算的全面认识；再结合教师的讲解对案例中涉及的政府非税收入进行归类，将理论应用于实际。

（二）探讨案例对于规范政府性收费的启示

尽管中央近期一直在推行减税降费政策，但部分地方仍然存在一些乱收费现象。请学生结合案例从民生财政角度思考乱收费、乱罚款、乱摊派行为带来的危害。同时，思考乱收费、乱罚款、乱摊派行为是否有违相关法律法规，帮助学生增强守法意识。根据这个案例分析乱收费的根源在何处。

（三）组织小组观点分享

启发学生思考政府官员出现乱收费、乱罚款、乱摊派行为的个人原因，即一些政府官员有偏差的政绩观导致违规的逐利性收费，引导学生无论是在学习还是工作中都要以其作为反面教材，树立正确的功利观。

具体教学设计如表1所示。

表1 案例4-2具体教学设计

课程设计	学习内容	学生活动	学习目标
案例引入	以新闻引入教学主题	阅读、了解案例内容	以新闻报道引发学生的学习兴趣
专业知识讲授	教师讲解我国预算制度改革历程，政府预算的原则，全口径预算管理内涵	听讲解	掌握专业知识
	学生发言展示、互相补充"四本账"的内容、功能，教师进行补充讲解，引导学生思考政府性收费属于哪本账	发言展示，自主思考并回答问题	掌握专业知识，提高自主学习能力，通过自主展示提高学生表达能力
拓展介绍	学习我国预算制度改革方向	听讲解	增强对财政前沿政策的了解，提高专业素养
案例反思	结合本案例中的问题进行反思	学生自主分析案例	通过引入反面案例，提高学生辨别是非的能力，培养守法观念等

四、基本概念与具体分析

（一）基本概念

1. 全口径预算

预算的完整性原则要求将政府所有收支都纳入预算管理，接受立法机关和社会监督。2014 年修订的《中华人民共和国预算法》删除了有关预算外资金的内容，明确规定政府的全部收入和支出都应纳入预算。全口径预算就是把政府所有收支全部纳入预算管理，构建一个覆盖所有收支，不存在游离于预算外的政府收支的制度框架。目前我国政府预算体系包括一般公共预算、政府性基金预算、国有资本经营预算和社会保险基金预算，俗称政府预算"四本账"，涵盖政府所有收支。

在全口径预算管理下，政府财政收入包括一般公共预算收入、政府性基金预算收入、国有资本经营预算收入以及社会保险基金预算收入。其中一般公共预算收入包括税收收入与非税收入，而非税收入又包括专项收入、行政事业性收费、罚没收入和其他收入。

2. 政府性收费

政府性收费是一种行政事业性收费，属于一般公共预算收入中的非税收入，是政府为提供特定社会产品和服务，参与国民收入分配和再分配的一种形式，包括行政性收费和事业性收费。其中，行政性收费是国家机关、具有行政管理职能的部门和机构为了特定目的，在履行或代行政府职能过程中依法依规向单位和个人收取的费用，一般具有强制性和排他性特征。事业性收费是指事业单位向社会提供特定服务，依法依规向服务对象收取的补偿性费用，一般具有补偿性和排他性特征。

3. 行政管理支出

行政管理支出是指各级政府预算安排的用于各级国家权力机关、行政管理机关、司法检察机关和外事机构等行使其职能所需费用。行政管理支出不像科教文卫支出等被认为是民生性支出，也不会直接创造物质财富，但是它为权力机关、行政机关、司法机关等运行提供了保证，也间接为经济社会运行和发展提供了必不可少的基本保障。由于行政管理支出所占比重越大，政府支出中能用于民生和经济发展的支出就越少，在满足社会职能的前提下，行政管理支出应节约使用，这也是高效廉洁政府的一个体现。

4. 政府预算的完整性原则

完整性是政府预算的原则之一，是指政府全年的全部预算收支项目必须纳入预算管理，不允许存在预算外的其他财政收支和财政活动。确保政府预算的完整性就意味着预算外资金的存在不再合法。2010 年 6 月，财政部印发《关于将按预算外资金管理的收入纳入预算管理的通知》，规定从 2011 年起将中央和地方的所有预算外收支项目纳入预算管理，全面取消预算外资金。2014 年修订后的《中华人民共和国预算法》第四条规定："政府的全部收入和支出都应当纳入预算。"这一条款也是政府预算完整性原则的充分体现。

（二）具体分析

1. 罚没收入、政府性收费纳入预算管理的主要做法

政府预算一共有"四本账"。按我国现行预算法相关规定，一般公共预算收入包括税收收入与非税收入。罚没收入、政府性收费属于非税收入，应当纳入一般公共预算账本进行管理并实行收支两条线管理。

按照国库集中收付制度的相关规定，具有收费和罚款没收职能的部门和单位，根据国家法律、法规和规章收取的行政事业性收费和罚没收入应委托指定代收银行代收并全额上缴国库。这些部门和单位的人员经费、公用经费和办公所需的特殊经费等，由财政部门按照部门、单位职能核定预算保障，纳入本级综合财政预算统筹安排，实行收支两条线管理。各非税收入征收部门、单位的支出与执收的政府非税收入不挂钩，可有效杜绝应由财政负担的费用变相转嫁到企业情况的发生，也能够避免"三乱"——"乱收费、乱处罚、乱摊派"现象的发生。

2. 案例对于规范政府性收费的启示

1996 年 3 月《中华人民共和国行政处罚法》出台的一个重要背景就是治理"三乱"，而"三乱"的本质就是逐利性执法。随着社会进步和经济发展，逐利性执法又呈现出新的样态和形式，表现出隐蔽性、反复性以及地域性等特征。在本案例中，霸州市大面积大规模乱收费、乱罚款、乱摊派，违反了减税降费的政策取向，加重了企业和居民的负担，不利于经济社会的稳定与发展。

基于该案例，可从以下几方面思考规范政府性收费的主要措施：

（1）清理整顿政府性收费，以税收取代具有税收特征的收费。为减轻企业和社会负担，我国连续取消、停征、免征多项行政事业性收费和政府性基金。当前还可再继续清理整顿收费项目，加大违规惩罚力度；取缔地方违规设立的收费基金项目，按照"清费立税"原则，规范税费关系，扩大降费受惠范围，用税收筹集替代行政收费，建立起以税收为主，少量的、必要的政府收费为辅的政府收入体系。

（2）规范罚没收入的缴纳和使用细则。国务院提出财政"收支两条线管理"，要求具有执收执罚职能的单位，根据国家法律、法规和规章收取的行政事业性收费（含政府性基金）和罚没收入，实行收入与支出两条线管理。但对于有些事项的罚没所得是上缴中央国库还是地方国库，并未做出具体的规定。

罚没收入的多头管理、部分财政支出项目经费与罚没所得相挂钩等做法给逐利性执法留下了制度空间。因此，可以逐步细化罚没财物管理具体实施办法，强化指导罚没财物规范化管理。

（3）加强预算管理，防止权力滥用。为杜绝任性执法、逐利执法等，需要坚持"收支两条线"总原则，对非税收入超收部分的支出加强监管，增加资金使用透明度，接受群众监督。事前严格规定超收资金的使用范围，事后对超收资金使用的绩效进行评价，督促政府严守财务纪律。

（4）加强非税收入征管监督，强化对罚没收入的民主监督、预算监督和社会监督，如对过高增长地区开展专项巡查，将罚没收入的明细情况对外公布，接受社会监督。

从长远看，加快完善地方财税体系，建立财力与事权相匹配的财政制度，缓解地方政府财政压力，才能从根本上降低地方政府对非税收入的过度依赖。

3. 案例给大学生成长带来的启示

中央多次明确提出，各级政府都要节用为民、坚持过"紧日子"，有序合理压减非税收入，坚决防止各种名目的乱收费从而增加企业负担。但从本案例来看，一些领导干部没有坚持正确的政绩观，"功利主义"倾向过重，面对新的经济下行压力、财政处于紧平衡状态的情况，依靠非税收入特别是罚没收入来弥补财政缺口的冲动仍然强烈。

党的领导干部要跳出个人利益考量，以国家、民族、集体利益为重，不能为了所谓的政绩考核，急功近利，做出有损人民群众利益的事情。霸州市没有理由的乱检查、乱罚款、乱摊派、乱收费，将财政收入规模、增幅纳入考核评比，就是政绩观出现了严重偏差，只考虑官员自身利益和政绩，却严重损害了人民群众的利益和国家利益，因此其行为受到通报批评，并被严令整改。

马克思主义否认超功利的道德，承认正当的个人利益。我们学生个人应树立正确的功利观，避免因追求"功利主义"走入歧途。

（李敬业）

参考文献

[1]《公共财政概论》编写组. 公共财政概论［M］. 北京：高等教育出版社，2019.

[2] 何裕宁. 当前社会的功利主义及其影响考略［J］. 人民论坛，2012（35）：182－183.

[3] 刘蓉、李建军、郭佩霞. 新中国财政税收制度变迁［M］. 成都：西南财

经大学出版社，2020.

［4］马海涛. 财政理论与实践［M］. 北京：高等教育出版社，2018.

［5］史耀斌. 深化财税体制改革　全面贯彻实施预算法［J］. 行政管理改革，2019（1）：4—10.

［6］唐贺强. 优化营商环境视角下非税收入的法律规制——以地方政府罚没收入为例［J］. 中国行政管理，2021（9）：19—25.

［7］熊伟. 预算管理制度改革的法治之轨［J］. 法商研究，2015，32（1）：14—18.

［8］姚鹏，马志达. 非税自主权与部门结构升级："竭泽而渔"还是"细水长流"？［J］. 财经研究，2022，48（9）：124—138.

［9］尹艳华. 大学生要树立马克思主义的功利观（上）［J］. 辽宁高等教育研究，1992（6）：99—104.

［10］钟荣华，郭彦廷，洪源，等. 地方非税收入高速增长的影响因素研究［J］. 财政研究，2022（10）：116—128.

专题五

财政体制

案例 5－1
提高养老金统筹层次　以丰补歉促公平

【案例简介】

人力资源和社会保障部举行的 2023 年四季度新闻发布会宣布，到 2023 年末，全国范围内缴纳基本养老保险人数已经达到 10.66 亿，与 2022 年相比增加了 1600 万人。全年三项社会保险基金方面，2023 年的数据也呈现出积极向好的趋势，年内收入达到了 7.92 万亿元，支出为 7.09 万亿元，年底结余达到了 8.24 万亿元，整体保持着平衡状态①。

全国层面上的社保基金结余保持稳中有升的良好局面，但养老保险基金的结构性问题却很突出。我国企业职工基本养老保险基金（以下简称养老保险基金）结余数额和缴费负担在区域之间分布不均衡，且由于区域间的经济和人口结构差异，养老保险基金不均衡问题在较长时期内存在，严重影响我国养老保险制度可持续发展。

一直以来，中央财政每年通过"一般性转移支付"向财政困难地区拨付资金，解决地方社保基金缺口。然而，地方持续靠中央的转移支付"输血"助长了困难地区的依赖思想，加重了中央财政的负担。解决该问题的思路是提高养老保险基金的统筹层次，用类似转移支付的平衡机制合理均衡地区间企业职工基本养老保险基金负担。提高企业职工基本养老保险的统筹层次，有利于在更大范围的社会群体之间形成社会互济，增强基金的筹资能力、支付能力和抵御风险的能力。同时，统筹层次的提高也有利于促进人们跨地区流动以及养老保险关系转移接续。2017 年 10 月，党的十九大报告首次明确提出，要尽快实现

---

① 石雨昕：《2023 年城镇新增就业 1244 万人，工伤保险参保人数首次突破 3 亿人》，https://finance. sina. com. cn/jjxw/2024－01－24/doc－inaervuw2006343. shtml。

养老保险全国统筹。随后人力资源和社会保障部将具体工作安排分为两步走：第一步，先设立过渡性中央调剂制度，2020 年底完成职工基本养老保险省级统筹，划转国有资本充实社保基金。第二步，择机将职工基本养老保险切换至全国统筹模式①。2020 年 5 月，中共中央、国务院发布《关于新时代加快完善社会主义市场经济体制的意见》，明确提出应适当加强中央在养老保险等方面的事权，减少并规范中央和地方共同事权，这对养老保险全国统筹模式下的事权与财权界定提供了重要的政策依据。

一般来说，统筹层次越高，基金筹资能力、支付能力和抗风险能力都会越强。提高养老保险基金统筹层次，可增强各地区之间养老保险基金的互助共济能力，促进养老保险公平可持续发展，这也是国际上养老保险制度改革的主流趋势。但改革初期，我国各地建立企业职工基本养老保险制度普遍都是从市县级统筹起步，各地在养老保险政策以及经办管理服务等各个方面都存在着差异，提高统筹层次首先遇到的就是改革起点低、差异大的问题。要有效破解社保基金盈余的地区不均衡困境，提高统筹层次是牛鼻子。

作为一项重要的民生制度，养老保险全国统筹制度的改革近年来被稳步推进。从统筹建在县上，到钱不够花省里管，再到全国同享"一锅饭"，我国企业职工基本养老保险统筹层次经历了以下三个阶段的变化：

一是从市县级统筹向省级统筹转变。近年来，各地不断推进和完善省级统筹，于 2020 年全部将企业职工基本养老保险纳入省级管理范畴，实现了统收统支，这一举措有效地解决了同省不同地区基金负担不均衡的问题，为后期实施全国统筹奠定了坚实的基础。不过，尽管国家指导和督促各地建立企业职工基本养老保险省级统筹，但除少数省份真正实行基金统收统支之外，绝大多数省份只是采取预算管理和省级调剂金相结合的部分统筹模式。各省内部在统一缴费率和计发办法的前提下实行弹性管理，省级政府掌握基金管理权，市县政府仍拥有原来的征收管理与支出管理权限。

二是建立中央调剂制度。2018 年 6 月 13 日，国务院正式发布《关于建立企业职工基本养老保险基金中央调剂制度的通知》，明确自 2018 年 7 月 1 日起正式实施养老保险基金中央调剂制度。其形式是将地方政府负责征缴的养老保

---

① 养老保险全国统筹是指现行各省份、城市的养老保险基金分别运行，并且相互独立，在互不财政转移的情况下，中央政府为了保障全国老年人退休后能够得到大致公平的养老保障待遇，按照一定的比例从各省份、城市的养老保险基金中收取一定的钱款，再按照一定的标准重新分配给各省份、城市进行使用。世界上实行全国统筹模式的国家中，建立养老保险制度明确属于中央事权，中央政府承担有关养老保险基金管理和待遇支付等主要责任。

险费按比例上交到中央，形成资金池，由中央按一定标准发放给各地退休人员，以解决缴费人员与退休人员地域分布结构不均的问题。养老保险基金中央调剂制度给退休人口多、经济发展水平低的养老金净下拨省份带来了资金支持。自2018年实施养老保险基金中央调剂制度后，各地按本省职工平均工资打九折乘以本省在职应参保人数再乘以上解比例来计算本省上解额，上解额集中到中央级社会保险基金财政专户专款专用，实行收支两条线管理。中央调剂基金拨付到地方的拨付额，按核定的某省份离退休人数乘以全国人均拨付额计算。2018年上解比例从3％起步，此后每年增长0.5个百分点，到2021年该比例提高到4.5％，中央调剂的力度越来越大。从2018年至2021年，中央调剂基金累计筹集、拨付中央调剂统筹基金2.4万亿元，跨省调剂基金超过6000亿元[①]。从各省上缴下拨情况看，广东省、北京市、江苏省、福建省、浙江省、山东省六省市为主要的净上缴省市，广东省和北京市的净上缴额占比超过60％。而辽宁省、黑龙江省、吉林省、内蒙古自治区是主要受益省份，其中东北三省的净下拨金额占比超过65％，东北老工业基地长期面临的社保基金收不抵支的困境很好地得到了化解。不过，中央调剂制度也存在着一些问题，主要是调剂规模有限，难以从根本上解决一些困难地区基金收支缺口问题。

三是实施全国统筹。2021年12月10日，国务院办公厅印发《企业职工基本养老保险全国统筹制度实施方案》，宣布从2022年1月1日起正式实施企业职工基本养老保险全国统筹。全国统筹以统一全国缴费政策和基金收支管理制度为核心，以信息系统和经办服务管理全国一体化为依托，统一待遇调整、统一信息系统、统一经办服务管理，建成统一的企业职工基本养老保险全国统筹信息系统，实现养老保险数据全国集中管理、部省经办联动。

为确保全国统筹制度的有序实施，人力资源和社会保障部引入了"大管控"模式，遵循全国标准统一、数据实时同步、部省两级联动、风险有效管控的总体思路，部省同步推进全国统筹系统建设。2022年6月，各省份成功完成了基金财务系统的对接，实现了养老保险资金的"一本账"管理，实现了统筹制度的深入推进。

养老基金全国统筹体现了养老金共济使用的理念，今后在我国经济欠发达地区、因历史原因而退休人员众多的老工业基地等地区，即便出现基础养老金

---

① 柳立：《关于企业职工基本养老保险全国统筹，你知道多少？》，《金融时报》，2023年6月6日第3版。

收不抵支的情况，也不用担心发不出退休职工基础养老金了。统筹制度充分考虑了不同地区的经济发展现状、人口流动情况以及老龄化程度，实现了更加精准的养老金分配。全国统筹制度可完善中央和地方政府的支出责任分担机制，从制度上进一步解决基金的结构性矛盾问题。

需指出的是，养老保险全国统筹，只是在政策、业务、系统、数据方面全国统筹，各省均基于同一话语体系进行业务办理，产生的数据按照统一标准落到业务统筹中心。通过各地业务系统的接入，养老保险数据得以集中管理和风险管控，为保障制度的可持续性提供了坚实的基础。然而，现有的全国统筹实现了基金余缺调剂，确保养老金足额社会化发放，尚未实现养老金计发基数全国统筹。尽管社保基金改革还存在各种问题，但办法总比困难多，期待用制度创新解决改革难题的中国方案越来越多。

【案例使用说明】

一、教学目标

（一）知识目标

（1）理解养老保险领域政府间事权和支出责任。

（2）了解我国企业职工基本养老保险全国统筹的内容、手段、目标。

（二）能力目标

（1）结合社保基金缺口产生的原因及应对措施，培养学生分析问题的能力和理论联系实际的能力。

（2）基本养老金中央调剂制度是一项成功的制度创新，通过解读该制度的设计细节，提升学生的创新意识。

（三）思政目标

（1）引导学生思考基本养老保险全国统筹的过程中可能会遇到的阻力与问题，用辩证的、联系的方法思考问题。

（2）通过引导学生分析我国在财政制度设计上的中国智慧，提升学生对中国特色社会主义的道路自信和制度自信。

二、启发思考题

（1）我国历年来的基本养老保险制度经历了怎样的发展历程？

（2）基本养老保险全国统筹的公平性如何体现？

（3）基本养老保险全国统筹涉及哪些政府间事权划分调整？

三、教学设计

（1）课前：要求学生查询资料，掌握财政体制的概念与类型，理解分税制财政体制的内涵与基本特征，了解政府间转移支付制度的基础知识。

（2）课中：发放案例资料，请学生阅读案例，就政府推行养老保险基金中央调剂和全国统筹制度有哪些利弊问题进行分小组讨论，选派代表分享小组观点。

（3）课后：巩固所学知识，完成线上知识检测任务。

四、理论依据与具体分析

（一）理论依据

1. 公共池理论

公共池理论，又名公共池塘资源理论，是美国著名行政学家、政治经济学家埃莉诺·奥斯特罗姆（Elinor Ostrom）针对公共事物治理提出的一种理论模式。在该理论中，她认为公共池资源是稀缺的、可再生的，当多种类型的占用者依赖于某一公共池资源进行经济活动时，一个人所做的每一件事都会对其他占有者产生影响。每一个人在评价个人选择时，必须考虑其他人的选择和机会成本。如果占用者独立行动，其获得的净收益总和通常会低于其以某种方式合作所获得的收益。公共池资源占用者所面临的问题是，如何把占用者独立行动的情形改变为占用者采用协调策略以获得较高收益或减少共同损失的情形。

公共池理论可以应用到政府转移支付问题的研究。越来越多的研究发现，过多依赖上级转移支付会对地方政府的支出行为产生负面激励，产生粘蝇纸效应（Flypaper Effect），引起财政支出效率损失[①]。罗登（Rodden）把转移支付引起地方政府支出行为扭曲归因于公共池效应，即在垂直失衡的分级财政管理体制中，由于纵向转移支付割裂了本地财政收益和税收成本间的关系，地方政府的支出成本可通过转移支付这类公共池资金进行分摊。成本外溢性使地方政府制定财政支出政策时更"随意"和"鲁莽"，引起支出效率损失。

---

① 范子英、王倩：《转移支付的公共池效应、补贴与僵尸企业》，《世界经济》，2019年第7期，第121页。

对社保基金中央调剂制度和全国统筹制度对地方政府筹资行为带来的影响，可以借助公共池理论进行解读。地方政府负责按比例征缴养老保险费并上交到中央的资金池，再由中央按一定标准发放给各地退休人员，各个地方上解额和拨付额不一样。经济活力强、人口年轻化的地方对资金池做净贡献；退休老人多、发展水平低的地方得到净拨付额，收益大于承担的缴费负担。收益和成本的不对等容易带来政府机会主义行为。这需要中央政府在设计制度时权衡效率和公平，通过对制度的不断优化和改进，实现社会净收益最大化，依靠中央政府和地方政府通力合作，促进基本养老保险全国统筹制度可持续运行。

2. 委托代理理论

20 世纪 30 年代，美国经济学家伯利（Berle）和米恩斯（Means）洞悉企业所有者兼具经营者的做法存在极大弊端，于是提出"委托代理理论"，倡导所有权和经营权分离，企业所有者保留剩余索取权，而将经营权利让渡。之后该理论被广泛运用到经济、管理等多学科领域。该理论涉及服务契约行为主体之间的关系。行为主体（提供合约的人——委托人）依据明示或隐含的契约请求另一行为主体（接受合约人——代理人）提供特定的服务，代理人被赋予决策权，并依据其提供的服务质量和数量获得相应的报酬或利益。由于双方存在信息不对称，代理人的行为不能完全被委托人观测到，可能会损害委托人的利益。

在委托人没办法完美地监督代理人的情况下，应该如何实现委托人的目标？激励相容原则给出了答案。委托人提供的合约，不但要满足代理人的参与约束（接受这个合约比不接受这个合约好），而且，根据这个合约的利益安排，努力干活是符合代理人自身利益的。

委托代理理论作为研究政府层级间权力和资源配置的基础，为解释政府在养老保险基金征管中的行为提供了理论依据。在基本养老服务的提供上，中央政府承担的事权和支出责任要大一些，但养老保险基金的征管和支出权仍保留在省级政府。由于中央政府难以准确掌握地方政府对基金征管努力程度的情况，存在信息不对称现象，所以地方政府拥有更为充分和灵活的剩余决策空间。若中央政府监管力度不足或奖惩机制缺失，省级政府可能会倾向于采取符合自身利益的策略，偏离中央政府的利益诉求。

具体而言，地方政府财力与事权的匹配度存在区域差异，中央政府需要采取措施（如建立养老金公共池）均衡地方政府间财力。建立基本养老保险全国统筹，中央政府充当委托人控制财权，省级政府作为代理人执行统筹任务，形成了政府间的委托代理关系。双方目标并不是完全一致的，筹资模式导致"鞭打快牛"在资金池"吃大锅饭"、在养老金征管问题上"啃上级""搭便车"等现象时有发生。事实上，全国统筹制度会导致发达地区社保统筹资金上缴额大于拨付额，为不发达地区和老工业基地提供养老金的转移支付，这样地方政府出于自身利益考虑可能会选择藏富于民，出现征收懈怠行为。统筹层次提高后，基层政府丧失对盈余基金运营和调配的权利，导致其难以从盈余基金中获取预期收益，无疑也会弱化本地养老保险基金的征管激励。而欠发达地区能够享受转移支付，难免会出现不思进取的思想。这样，净上缴和净拨付的政府都可能对本地企业缴费行为疏于监管，地方政府通过放松基金征缴积极性来降低征管效率，最终增加上级财政负担。

（二）具体分析

1. 我国基本养老保险制度的发展历程

新中国成立以前，在我国流行的是家庭式养老，即所谓"养儿防老"，父母的养老责任主要由子女来承担。新中国成立之后，我国政府开始构建由国家参与的社会养老保障体系。我国养老保险制度最初是从城镇职工开始的，后来又逐步建立起农村的养老保险。

我国劳动保险制度最早可追溯至 1951 年 2 月，《中华人民共和国劳动保险条例》的出台标志着养老保险制度在我国开始建立。1955 年，国家发布了《国家机关工作人员退休处理暂行规定》《国家机关工作人员退职处理暂行办法》《关于处理国家机关工作人员退职、退休时计算工作年限的暂行规定》，这些制度构成了国家机关和事业单位的退休制度。1958 年，国家发布了《关于工人、职员退休处理的暂行规定》，放宽了退休条件，适度提高了待遇标准，统一了工人与职员的养老保险待遇。1966 年，《关于轻、手工业集团所有制企业职工、社员退休统筹暂行办法》和《关于轻、手工业集团所有制企业职工、社员退职暂行办法》及时更新，规定了这部分职工的退休、退职养老问题。

改革开放后，我国养老保险制度的改革力度显著加大。1992 年 1 月 3 日，民政部公布实行《县级农村社会养老保险基本方案（试行）》，农民开始进入由国家统筹的养老保险体系。1997 年 7 月 16 日，国务院发布《关于建立统一的企业职工基本养老保险制度的决定》，全国统一的企业职工基本养老保险制度正式建立。该制度对养老保险的单位缴费和个人缴费进行了明确的规定，同时要求要建立个人账户。2009 年 6 月 24 日，国务院常务会议决定 2009 年在全国 10% 的县（市、区）开展新型农村社会养老保险试点，之后在农村地区逐步推开，实现制度全覆盖。2010 年 1 月 1 日起正式实施的《城镇企业职工基本养老关系转移接续暂行办法》，通过统一转移标准、统一转移程序，对各类劳动者一视同仁，解决了多年僵持不下的养老保险关系转移问题。

2015年开始，养老保险制度并轨的改革步伐在加快。2015年1月1日起，新型农村养老保险和城镇居民养老保险正式合并为城乡居民基本养老保险。2015年1月国务院发布的《关于机关事业单位工作人员养老保险制度改革的决定》，要求事业单位编制内的工作人员从2014年10月1日开始缴纳基本养老保险和职业年金。2017年6月29日，《关于加快发展商业养老保险的若干意见》正式出台，从四个方面部署了推动我国商业养老保险的有关举措。2017年12月18日，人力资源和社会保障部、财政部联合印发《企业年金办法》，使我国企业年金制度得到进一步的规范和完善。2018年4月12日，财政部联合其他四个部门共同发布了《关于推行个人税收递延型商业养老保险试点的通知》，提出了第三支柱个人养老金制度的发展建议。

从1951年开始的基本养老保险制度起步，到1997年的企业职工基本养老保险制度的实施，到2015年的城乡居民基本养老保险制度的建立和机关事业单位工作人员养老保险制度改革，再到2018年建立第三支柱个人养老金制度的尝试，历经半个多世纪的发展，我国逐步形成现有的多层次、多支柱养老保险体系。

2. 提升基本养老保险全国统筹的公平性

改革前，省与省之间养老保险基金不平衡的问题非常突出。截至2017年底，由于人口抚养比差异等，基金结余主要集中在广东、北京等东部地区，累计结余最多的7个省份占全部结余的三分之二，而辽宁、黑龙江等部分省份早已出现基金当期收不抵支的情况，基金运行面临较大压力。

2018年7月1日起，我国正式实施养老保险基金中央调剂制度，该制度于2022年上升为基本养老保险全国统筹制度。养老保险全国统筹的目的在于将全国的养老保险政策纳入一个整体框架，以确保不同地区之间的政策一致性，便于统一管理运作，包括缴费政策的统一和退休待遇的统一。养老金全国统筹制度对不同省份的养老政策进行统一管理，实现了信息的互通，有利于增强制度的统一性和规范性，有效提升保障能力，确保养老金能够按时足额地发放给广大职工，也有利于逐步缩小各地区之间在筹资和待遇等方面的差距。

养老金调整的三种方式也非常好地体现了公平原则。养老金调整主要包括定额调整、挂钩调整、适当倾斜。这些调整方式对于养老金水平较低、缴费年限较长的人群是倾斜照顾的，这两类人群增长的养老金比例往往会较高。例如，养老金1000元增幅是10%，而养老金5000元增幅是3%，养老金差距会由 4 倍缩小为 3.68 倍。这种分类调整方式，能够有效缩小各区域之间的不平衡。

基本养老保险全国统筹有效均衡了地区间的基金当期收支压力，资金使用效率更高。通过资金调剂使用，养老金发放更有保障，增强了养老保险制度的公平性和可持续性。

3. 从政府间事权划分角度认识我国基本养老保险全国统筹

以前的企业职工基本养老保险处于县市统筹或省级统筹，由于统筹层次低，一定程度上使得中央与地方政府之间的事权难以分割，而且财权边界也变得模糊复杂。虽然中央政府统一制定政策并提供指导，但是地方政府可以因地制宜自主实施，给地方政府留下了"制度博弈"与"制度套利"的空间，产生了征管的"逐底竞争"。例如，受财政分权和政治晋升激励的影响，经济越发达的地区，财政越富有，越有条件和意愿自主降低企业缴费，或者通过降低养老保险征管力度的方式吸引流动资本。在社保负担存在明显地区差异的情况下，企业与社会资本可能越倾向于向发达地区迁移，从而不利于欠发达地区财政收支平衡以及基本养老保险基金积累。东北三省是老工业基地，人口老龄化严重，人口抚养比低，若中央不提供转移支付和调剂，社保体系靠本级政府自收自支只会加重企业缴费负担，不利于区域均衡发展。

事实上，世界上大多数国家的基本养老保险基金管理模式都是中央统筹、全国统收统支。养老保险全国统筹有利于中央与地方政府在事权与财权上的明确分工与责任界定，防止制度内耗与漏损。

尽管当前我国养老保险全国统筹只是在政策、业务、系统、数据上全国统筹，没有实现计发基数的全国统筹，但这个制度增加了中央的支出责任，改进了政府间关系。养老金计发基数省级统筹没有实现全国统筹的主要原因是城镇单位就业人员平均工资数据和经济发展情况存在地域差。要实现养老金计发基数全国统筹，需要养老保险缴费基数全国统一、养老保险基金结余充裕且 31 个省（区、市）经济发展较均衡，显然短时间内要实现这个目标的条件还不成熟。

针对社保基金征管上的"逐底竞争"，如何设计出一套激励相容机制，实现对地方政府社保基金征管的适度激励至关重要。对历史遗留问题进行一次性清算、制定适度偏低的上解比例、引入第三方机制征收管理社保资金等改革措施，都是可以考虑的破解之道。

尽管基本养老保险全国统筹目前还是起步阶段，但中央和地方养老保险支出责任分担机制更为明确，中央财政补助力度进一步加大，地方财政养老保险投入机制更加完善。养老保险全国统筹改革，已经将养老保险这项基本公共服务往实现均等化的目标方向大大推进了一步。

（段海英　仲家琳）

参考文献

[1] 范子英，王倩. 转移支付的公共池效应、补贴与僵尸企业 [J]. 世界经济，2019（7）：120－144.

[2] 李心萍. 企业职工基本养老保险全国统筹1月起启动实施　养老金及时足额发放有保障 [N]. 人民日报，2022－02－25（7）.

[3] 路锦非，张路，郭子杨. 养老保险基金中央调剂制度与地方征缴失衡：基于央－地互动视角的分析 [J]. 公共管理学报，2023（2）：103－115＋172.

[4] 苏春红，耿嫚嫚，李真. 养老保险省级统筹对养老保险基金平衡的影响研究 [J]. 南方经济，2024（1）：22－38.

[5] 许航敏. 国家治理视域下的基本养老保险全国统筹改革 [J]. 地方财政研究，2022（4）：17－27.

[6] 徐向梅. 稳步推进养老保险全国统筹 [N]. 经济日报，2022－08－08（11）.

[7] 张磊. 公平理论视角下基本养老金全国统筹探究 [J]. 财会通讯，2020（20）：143－147＋156.

[8] 张曦，孙禹. 企业职工基本养老保险全国统筹面临的障碍及对策 [J]. 地方财政研究，2022（4）：28－34.

[9] 郑秉文. 职工基本养老保险全国统筹的实现路径与制度目标 [J]. 中国人口科学，2022（2）：2－16＋126.

[10] 朱恒鹏，岳阳，林振翾. 统筹层次提高如何影响社保基金收支——委托－代理视角下的经验证据 [J]. 经济研究，2020（11）：101－120.

[11] Jonathan Rodden. Reviving leviathan：fiscal federalism and the growth of government [J]. International organization，2003，57（4）：695－729.

[12] Jonathan Rodden. The dilemma of fiscal federalism：grants and fiscal performance around the world [J]. American journal of political science，2002，46（3）：670－687.

案例 5-2
一般性转移支付不"一般"

【案例简介】

转移支付是现代国家确定政府间分配关系时的一项通行做法,通过政府间无偿的资金援助解决"不均衡"和"外部性"问题。此处的不均衡是指纵向不均衡和横向不均衡。纵向不均衡往往表现为地方政府的财政支出大于财政收入,需要中央政府或上级政府提供无偿援助;横向不均衡是指由于经济发展水平不同,发达地区和不发达地区在财政平衡方面存在显著差异。政府动用纵向和横向的转移支付来调节上下级政府和不同地区之间的财力分配,弥补地方政府履行事权时存在的财力缺口。转移支付还可解决外部性问题,此处的外部性是指地方政府提供的一些公共物品受益范围超过辖区范围,其他辖区未承担公共服务成本的公民享受了本地区政府提供的公共物品,从而导致地方政府提供公共物品的激励不足,公共物品供给量低于社会最优水平。具有外部性的公共物品,往往需要上级政府通过纵向转移支付来解决供给不足的问题。

《中华人民共和国预算法》明确规定,地方各级一般公共预算收入包括地方本级收入、上级政府对本级政府的税收返还和转移支付以及下级政府的上解收入。这就意味着,地方财政收入来源中有一部分是来自中央的转移支付。我国各地资源禀赋、发展条件差别很大,地区间发展不平衡,政府间财力失衡严重,政府间转移支付对欠发达地区和财政困难地区的财政资金运转起着关键作用。实施转移支付,可推进基本公共服务均等化和保障国家重大政策落实,支持经济社会持续健康发展。

我国现有的转移支付主要包括一般性转移支付、专项转移支付和税收返还等形式。一般性转移支付,又被称为无条件政府间财政转移支付,指上级政府在对下级政府进行政府间财政转移支付时不限定该项拨款的使用范围、方向,接受者可按自己的意愿使用这笔资金。专项转移支付则是上级政府为了实现特定的社会经济发展目标对下级政府提供的资金补助，要求下级政府必须按照规定的用途安排使用。税收返还是我国为保证分税制改革和其他一些财政体制改革的顺利运行，中央政府向地方政府按特定规则返还税收利益的一种无偿资金援助。

我国转移支付给均衡地方财力和促进地方经济发展带来显著影响。1994年我国一般性和专项转移支付的总规模仅为590亿元，转移支付占地方政府财政支出的比重为14.61%[1]。之后，转移支付规模越来越大，2018年转移支付占地方政府财政支出的比重上升至38.73%。2023年转移支付（含税收返还）占地方政府财政支出的比重已达到43.46%[2]。中央对地方的转移支付是地方各级政府较为稳定的收入来源，尤其是中西部省份对中央转移支付的依赖程度很高。

完善转移支付制度，关键之一是要科学设置转移支付结构。2015年国务院印发的《关于改革和完善中央对地方转移支付制度的意见》提出调整我国转移支付结构，增加一般性转移支付，减少专项转移支付。之后我国转移支付结构不断调整，一般性转移支付占比持续提升。2019年我国转移支付结构进一步发生了重大变化，一般性转移支付占比显著提高，但这个数据变化值得人们进行深度解读。

根据吕冰洋（2022）的研究数据（见表1），2018年我国一般性转移支付达到38722.06亿元，占转移支付总额的55.6%，专项转移支付22927.09亿元，占32.9%。但2019年中央对地方一般性转移支付为66798.16亿元，占比上升为89.8%；专项转移支付7561.7亿元，占比为10.2%。一般性转移支付占比的异常增加和专项转移支付占比的显著下降，究竟有何原因？

---

① 吕冰洋、张凯强：《转移支付和税收努力：政府支出偏向的影响》，《世界经济》，2018年第7期，第98页。

② 笔者根据财政部《关于2023年中央和地方预算执行情况与2024年中央和地方预算草案的报告》自行计算得出。

表 1　2018 年和 2019 年中央政府对地方政府的转移支付分类

单位：亿元

2018 年转移支付分类			2019 年转移支付分类		
项目	规模	占比（％）	项目	规模	占比（％）
1. 一般性转移支付	38722.06	55.6	1. 一般性转移支付	66798.16	89.8
（1）均衡性转移支付	24442.28	35.1	（1）均衡性转移支付	15632.00	21.0
其中：均衡性转移支付（小口径）	14095.00	20.2	（2）重点生态功能区转移支付	811.00	1.1
（2）老少边穷地区转移支付	2132.83	3.1	（3）县级基本财力保障机制奖补资金	2709.00	3.6
（3）成品油税费改革转移支付	693.04	1.0	（4）资源枯竭城市转移支付	212.90	0.3
（4）体制结算补助	1593.95	2.3	（5）老少边穷地区转移支付	2488.40	3.3
（5）基层公检法司转移支付	470.86	0.7	（6）产粮大县奖励资金	447.86	0.6
（6）基本养老金转移支付	6664.41	9.6	生猪（牛羊）调出大县奖励资金	36.90	0.0
（7）城乡居民医疗保险转移支付	2724.69	3.9	（7）共同财政事权转移支付（共 56 项）	31902.99	42.9
2. 专项转移支付	22927.09	32.9	其中：税收返还及固定补助	11251.78	15.1
3. 中央对地方税收返还	8031.51	11.5	2. 专项转移支付（共 23 项）	7561.70	10.2

资料来源：吕冰洋：《央地关系——寓活力于秩序》，商务印书馆，2022 年，第 328 页。

对表 1 中 2018 年和 2019 年的转移支付分类项目进行分析可知，转移支付分类口径的调整导致我国 2019 年转移支付结构发生重大变化，2019 年一般性转移支付中增加了共同财政事权转移支付这一大类，且该项还包括了以前单列的中央对地方的税收返还。如果将共同财政事权转移支付单列，根据表 1 的数据可计算得出，2019 年调整后一般性转移支付占转移支付总额比重为 46.9％，以均衡性转移支付为主。共同财政事权转移支付高达 42.9％，包含的项目庞杂。专项转移支付总量下降，数目清晰，占比仅为 10.2％。总体而言，剔除共同财政事权转移支付以后的一般性转移支付占比下降，影响力有所减弱。

设立共同财政事权转移支付是基于中央与地方财政事权和支出责任划分改革的需要而进行的重大调整。改革后三类转移支付的定位更加明确，边界更加清晰：一般性转移支付的主要功能是均衡区域间基本财力配置，该类财政援助向财力薄弱的中西部地区倾斜，向革命老区、民族地区、边疆地区、欠发达地区以及担负国家国防、粮食等安全职责的功能区域倾斜。共同财政事权转移支付是一个新增的特殊项目，为履行中央承担的共同财政事权的支出责任提供保障，实行差异化补助政策，使地区间基本公共服务水平更加均衡。专项转移支付逐步退出市场机制能有效调节的领域，其主要功能是通过资金定向精准使用实现落实中央重大决策部署和引导地方干事创业的目标。

一般性转移支付的项目增多，新增了与均衡性转移支付管理方式有差别的共同财政事权转移支付，导致数据结构发生重大变化，此"一般性"非彼"一般性"。专家预计今后修订预算法，将会对转移支付分类口径作调整。可以肯定的是，未来很长一段时间，一般性转移支付对地方经济的影响将远超"一般"，不容小觑。

【案例使用说明】

一、教学目标

（一）知识目标

（1）学习并掌握转移支付的基本概念及主要分类。

（2）了解我国转移支付制度改革的历史。

（3）熟悉我国各类转移支付的主要功能。

（二）能力目标

（1）提升学生对数据和教学素材的分析理解能力。

（2）通过开放性思考题的分析，培养学生的思辨能力。

（三）思政目标

（1）学习一般性转移支付设立的原因和改革历史，树立道路自信和制度自信。

（2）从理解转移支付现有问题破解方案中培养学生的问题导向意识和系统观念。

二、启发思考题

（1）为什么要在 2019 年调整转移支付口径？

（2）为什么需要保留专项转移支付？

（3）如何开展转移支付资金分类管理改革？

三、教学设计

（1）课前：开展翻转课堂，请学生自学本案例素材，熟悉我国转移支付制度的改革历程和主要分类，提出需要教师讲解的主要问题。

（2）课中：开展小组讨论，分别请学生代表上台讲解一般性转移支付的利弊和专项转移支付的利弊。

（3）课后：巩固所学知识，完成线上知识检测任务。

四、理论依据与具体分析

（一）理论依据

1. 粘蝇纸效应

粘蝇纸效应（Flypaper Effect）是指中央政府拨付的钱会"粘"在它到达的地方部门，增加这个地方政府的财政支出，而增加的财政支出水平大于本地政府税收增加所带来的地方政府公共支出水平。

大量理论和实证研究表明，转移支付在发挥积极作用的同时可能带来负面影响，带来地方财政支出扩张。究其缘由，是参与公共决策的人具有不同偏好，一些地方官员为追求政绩以及实现个人利益最大化，通过影响公共决策使得中央的补助"粘"在政府部门中，而不是理论上分析的那样，政府决策会使公共物品和私人物品达到效用最大化的配置状态。

由于"粘蝇纸效应"的存在，转移支付导致地方政府支出规模膨胀，即使转移支付只是在地区间重新分配财力，也会通过改变地方政府的收入结构影响其财政支出规模。

2. 辖区间外溢效应

辖区间外溢（Inter－Jurisdictional Spillovers）指在某一辖区内提供公共物品时所产生的利益或损害会外溢到其他地区。辖区间外溢分为正外溢和负外溢，政府一般不提供具有负外溢性的物品，负外溢性情形不做讨论。具有外溢性的地方公共产品，供给成本一般由提供地的政府单独负担，而收益则覆盖多个地区甚至由全国人民共享，造成了成本和收益的不对称。

具有正外溢性的辖区外溢效应多表现为政府提供的公共物品覆盖的利益区跨越了政府辖区的自然地理界限，跨越了政府管辖范围。例如，A 地区为治理沙尘暴实施植树造林工程，不仅使 A 地区居民受益，也会使周边居民免受沙尘暴的困扰，但由于 B 地区纳税人并没有给 A 地区做税收贡献或为 A 地区保护环境的行为承担成本，A 地区在植树造林时会缺乏积极性。再例如，西部地区不少地方政府一方面因执行环保政策不能建工业园区而面临税收匮乏，另一方面还要拿出财政资金进行植树造林、建立长江上游生态屏障，西部地区地方政府承担了保护环境的财政压力。西部的绿水青山惠及了中东部地区，但这些西部地区地方政府却不能向其他地区的纳税人收取税收或非税收入进行成本补偿。同样的例子在基础教育、环境保护等领域还有很多。

具有辖区外溢效应的公共物品由地方政府提供的话，可能会导致低效供给甚至缺乏供给，因而需要上级政府进行干预。中国幅员辽阔，具有辖区外溢性的公共产品种类多、分布范围广。若没有上级政府的干预，则涉及某一具体地区的公共产品供给，会因其外溢性导致提供方得到的边际收益小于边际社会收益，公共物品供给不足。因此，有必要根据激励相容机制调整转移支付制度，使得中央政府与地方政府，以及地方政府之间通过协商方式拿出一致同意方案，共同解决具有外溢性的地区公共物品供给不足的问题。

（二）具体分析

1. 2019 年调整转移支付口径的原因

解决财力不均衡需要无条件转移支付，实践中称为均衡性转移支付。均衡性转移支付通过弥补地区财力差距，增强财力较弱的地区财政收入，有利于实现基本公共服务均等化目标。

解决公共服务外溢性需要有条件转移支付，现实一般称为专项转移支付。该项转移支付可在一定程度上解决公共产品收益外溢性问题，通过对地方提供补助降低其成本，刺激地方政府提供公共服务。因此，这类转移支付要限定它的资金使用方向，地方政府对这类资金使用不具有充分自主权。

专项转移支付存在诸多弊端。首先，专项转移支付的项目种类多、金额小，由于需要专款专用，地方政府难以整合财力办大事，导致资金的使用效率低。其次，专项转移支付项目申请和审批程序复杂，预算资金到位较晚，不利于地方政府在预算年度内统筹安排。再次，上下级政府间存在强烈的信息不对称，一些地方政府"跑部钱进"的动机较强，容易导致资金错配而产生效率损失。此外，专项转移支付资金分配不透明、使用不够科学、部分事项需要地方配套等问题仍然存在。

尽管一般性转移支付对均衡地区间财力的作用明显，但该种形式的转移支付也存在问题。一般性转移支付往往按地区经济、财力等因素分配资金，导致经济发展水平越低、财政收入越少的地区比发达地区更容易得到无偿的资金援助，存在对地方经济和财政建设逆向激励的作用。不过，与有效缩小地区财力差距的突出作用相比，一般性转移支付的逆向激励作用瑕不掩瑜，几乎可以忽略。

从上述分析可知，一般性转移支付、专项转移支付各有利弊，需要根据实际情况及时调整转移支付结构。我国总体改革方向是不断降低专项转移支付的占比，规范专项转移支付资金的分配和使用。为了增加一般性转移支付的比重和压缩专项拨款比重，2009 年和 2011 年，财政部先后两次把属于专项拨款的一些项目划分为一般性转移支付。之后，财政部进一步清理整合，取消了部分没必要实施的专项，将专项转移支付的数量从 2013 年的 220 个削减到 2018 年的 73 个，新增的专项转移支付也被严格限制。

在 2018 年前，我国政府间财政资金的无偿转移分为一般性转移支付、专项转移支付与税收返还三部分。2019 年我国增加"共同财政事权转移支付"，对转移支付口径进行重大调整。目前我国转移支付的结构是以一般性转移支付（含共同财政事权转移支付）为主，专项转移支付为辅。

引发共同财政事权转移支付的出现和转移支付统计口径的重大变化，是我国开展了中央与地方财政事权和支出责任划分改革。2018 年 1 月财政部出台《基本公共服务领域中央与地方共同财政事权和支出责任划分改革方案》，结合中央与地方财政事权和支出责任划分改革，在一般性转移支付下设立共同财政事权分类。2019 年中央财政进一步优化转移支付分类，将原一般性转移支付、专项转移支付中明确属于中央与地方共同财政事权的项目归并，专项转移支付的数量保留了 23 项，专门用于实现特定政策目标。设立共同财政事权转移支付，主要用于履行教育、养老、医疗、就业等基本民生领域的中央财政支出责任。共同财政事权转移支付的设立，可保障共同财政事权经费的稳定性和充裕性，更好推进基本公共服务均等化。为与我国现有预算法规定衔接，编制预算时共同财政事权转移支付暂被列入一般性转移支付，这一规定导致 2019 年以后我国一般性转移支付的占比陡然上升。

2. 保留专项转移支付的必要性

专项转移支付因其具有众多弊端广受诟病，但为何中央还保留了这么多的专项项目？这得从专项转移支付设立的必要性说起。

专项转移支付具有专款专用的特征，能够确保资金及时到达指定领域，贯彻落实中央政策。对于一般性转移支付，地方政府对资金使用的自由裁量权较大，容易将一般性转移支付资金配置给那些容易被观察到、在政绩评价中占有较大显示度的公共产品。如果转移支付资金不做限制，资金支出方向倾向于流向促进地区 GDP 增长和形象工程等项目。而对于提高中小学教育水平、提升公共卫生质量等项目，见效时间可能比地方官员的任期要长很多，很容易被忽视。专项转移支付一般是对某一具体项目"戴帽下达"，要求资金接受者按规定用途使用，主要用于救急纾困、扶助弱势群体等，具有很强的针对性，能够确保中央的宏观调控政策在基层得到落实，资金到达急难愁盼领域。

专项转移支付能够较好保障基层地方政府获取财政补助资金。目前，一般性转移支付仅在中央政府与省级政府间进行划分，省以下的转移支付改革尚在探索中。中央财政先将转移支付资金拨付到省级财政，省级财政再向地县级财政拨付，省级政府对补助资金安排实际有较大的话语权。当省级政府较多关心本级政府利益，或是省本级政府财力比较紧缺时，会在转移支付资金安排上采取更多地向省本级倾斜的办法，由此降低地县级政府可获得转移支付的规模。专项转移支付资金可规避上述问题，对居于信息弱势的基层地方财政获取补助资金有一定的制度保障。

值得肯定的是，专项转移支付的管理越来越规范。2016 年 2 月 2 日，财政部发布《中央对地方专项转移支付管理办法》，结合事权和支出责任划分规则，将专项转移支付分为委托类、共担类、引导类、救济类和应急类。属于引导类、救济类和应急类专项的转移支付资金，应当严格控制资金规模并有明确的绩效目标、资金需求、资金用途、主管部门和职责分工、实施期限等，以避免专项资金进入市场竞争机制能够有效调节的领域，通过规范管理实现严格控制新增项目，提高资金使用效益的目标。属于委托类专项的，中央应当足额安排预算，不要求地方安排配套资金。属于共担类专项的，应当依据公益性、外部性等因素明确分担标准或者比例，由中央和地方按各自应分担数额安排资金。

2019 年"共同财政事权转移支付"新设后，共担类专项被划转到该项目，专项转移支付的金额显著减少。

总体而言，专项转移支付在落实中央政策、引导地方资金使用方向上，有着不可替代的作用。在引导类、救济类、应急类等公共物品的提供方面，专项转移支付对保障资金供给、确保公共物品有效提供方面具有制度优势。现有专项转移支付资金的配置和使用确实存在一些问题，但这些问题可以通过加强预算管理、加强转移支付绩效管理、推进转移支付信息公开等来解决，而不是一味调减项目、削减专项转移支付规模。

3. 对转移支付资金分类管理改革的探讨

当前，我国转移支付资金的分类是明确的，项目分为一般性转移支付和专项转移支付，下设各个细项。但由于一般性转移支付下二级科目过于庞大，现有的分类还可进一步完善，改革方向是政府新增分类转移支付。

分类转移支付（分类拨款）是规定使用方向但不指明具体用途的一类转移支付。其特点是资金用途虽有限制，但相对较为宽泛，不限定资金用途于某一具体的公共项目，而只是限制某一大类公共服务（如教育、医疗等）领域。该方式综合了一般性转移支付和专项转移支付的优点，兼顾了资金使用的灵活性和方向性。

在理论上，一般性转移支付中有规定资金使用方向但不指明具体用途的转移支付，适合采用分类转移支付。我国一般性转移支付中，除了"均衡性转移支付"外，其他项目在资金用途上大都有限制，与无条件转移支付不同。并且，2019年"共同财政事权转移支付"中不少是原来专项转移支付平移过来的，具有分类转移支付的特点。指定使用方向的一般性转移支付，可较好地避免政府将转移支付资金用于具有高显示度的形象工程，从而能够引导资金流向民生领域，解决民众急难愁盼问题，提高民众的幸福感和获得感。

在实践上，分类转移支付在我国有广泛的应用基础。在一般性转移支付分类中，有好几类转移支付指定的用途较为宽泛，给地方政府整合资源、集中力量办大事留有余地。例如，城乡义务教育补助经费限定资金用途为教育大类，基本养老金转移支付限定资金用途为养老保障，城乡居民医疗保险转移支付限定资金用途为医疗保险，成品油税费改革转移支付限定资金主要用途为交通。

目前我国预算法尚未进一步修订，分类转移支付的设置尚处于探讨之中，实践中分类转移支付的管理也处于探索之中。浙江省人民政府办公厅于2009年制定并公布了《关于清理整合和规范财政专项资金管理的意见》，将支持方向、扶持对象和用途相同或相近的项目整合，地方政府可在指定公共服务范围内自主安排项目，减少对归并后拨款项目资金使用范围的限制。归并整合后的专项拨款改为一般性转移支付，不再按项目申报和审批，而是按因素法分配资金，资金分配方式更为灵活。浙江省的改革取得了成功，受到各级政府的认可。改革之后的转移支付项目被称为"专项性一般转移支付"，但在中央政府层面仍然被称为"一般性转移支付"。在 2019 年我国转移支付结构重大调整后，类似这样立足实际情况进行的分类管理创新还会出现。

当下，还有不少专家建议对转移支付的功能定位、分类体系、设立程序、分配管理等作出全面系统的规定，预计随着省以下财政体制改革的进一步推进，转移支付分类管理措施将会更明晰。

（段海英）

参考文献

［1］贾俊雪，梁煊. 地方政府财政收支竞争策略与居民收入分配［J］. 中国工业经济，2020（11）：5—23.

［2］刘勇政，贾俊雪，丁思莹. 地方财政治理：授人以鱼还是授人以渔［J］. 中国社会科学，2019（7）：43—63+205.

［3］吕冰洋. 央地关系——寓活力于秩序［M］. 北京：商务印书馆，2022.

［4］吕冰洋，李钊，马光荣. 激励与平衡：中国经济增长的财政动因［J］. 世界经济，2021（9）：3—27.

［5］吕冰洋，毛捷，马光荣. 分税与转移支付结构：专项转移支付为什么越来越多？［J］. 管理世界，2018（4）：25—39+187.

［6］吕冰洋，张凯强. 转移支付和税收努力：政府支出偏向的影响［J］. 世界经济，2018（7）：98—121.

［7］吕冰洋. 国家能力与中国特色转移支付制度创新［J］. 经济社会体制比较，2021（6）：29—38.

［8］马海涛. 完善财政转移支付体系［N］. 经济日报，2023—06—27（10）.

［9］王长宇，王偲桐，杜浩然. 地方外溢性公共产品的供给问题探讨［J］. 经济科学，2015（4）：44—53.

［10］王艳芳. 关于专项转移支付资金绩效评价的探索［J］. 财政监督，2022（23）：44—48.

［11］赵新海. 建立科学高效的专项转移支付体系［J］. 预算管理与会计，2018（10）：43—50+60.

［12］杨六妹，钟晓敏，叶宁. 分税制下财政转移支付制度：沿革、评价与未来方向［J］. 财经论丛，2022（2）：26—37.

［13］曾金华. 从严控制新设专项　提高资金使用效益——解读《中央对地方专项转移支付管理办法》［N］. 经济日报，2016—02—03（6）.

［14］曾金华. 新一轮财税体制改革可期［N］. 经济日报，2024-01-01（5）.

［15］吴敏，刘畅，范子英. 转移支付与地方财政支出规模膨胀［J］. 金融研
究，2019（3）：74-91.

专题六
财政政策

案例 6-1
雾里看花：财政赤字能否货币化？

【案例简介】

2020 年，突如其来的疫情给中国经济带来了重大冲击。2020 年 4 月 17 日国家统计局公布 2020 年第一季度经济数据，名义 GDP 当季同比增长 -6.8%，实际 GDP 增长 -5.3%，自 1992 年以来季度增速首次出现负增长。此后，尽管国民经济出现明显好转，但总体呈下行趋势，地方财政面临着很大的压力。为应对疫情带来的经济冲击，政府需要采取积极的财政政策对冲经济下行压力，进行逆周期调节。政府推行积极财政政策必然新增财政赤字和国债，而增发国债受到国债余额限额的约束，必须审慎决策。

为应对财政减收增支的压力，中共中央政治局会议确认了 2020 年发行特别国债。和一般国债不同，特别国债是指特定时期发行，用于特殊用途并形成特定资产的国债。特别国债投资的项目往往要求有稳定现金流资产与之对应，以对应的收益偿还债务。一般情况下，特别国债纳入政府性基金预算管理而不是一般公共预算。由于政府性基金预算的原则是"以收定支"，因此特别国债投资的项目需要取得一定收益，而不是用于消费补助。

在 2020 年之前，我国有两次特别国债发行经历（不含续发），分别是 1998 年发行 2700 亿元国债补充四大行资本金和 2007 年发行 1.55 万亿元国债补充中国投资有限责任公司资本金。2020 年 5 月 14 日，财政部部长刘昆发表《积极的财政政策要更加积极有为》一文，提及要通过抗疫特别国债、地方政府专项债券等多种渠道增加政府投资。这是官方层面首次明确提出要发行抗疫特别国债增加政府投资的信息。

但在发行方式上，特别国债引起了巨大的争议，而争论主要围绕着是否应该"财政赤字货币化"问题。早在 2020 年 4 月 27 日，中国财富管理 50 人论坛与中国财政科学研究院联合举办"当前经济形势下的财政政策"专题会议，中国财政科学研究院院长刘尚希在会议上提出了中国在新的条件下，财政赤字货币化具有合理性、可行性和有效性的观点①。该观点认为要在经济形势进一步恶化之前采取行动，如果通过发行大规模国债来解决财政困境，会对市场产生"挤出效应"，财政赤字货币化或许是更好的选择。之后，刘尚希多次发表自己观点，认为面对财政困难和"六保"重任，常规财政政策可能不够，可采取的具体措施是中国人民银行在一级市场，以零利率直接购买国债。在财政预算法定化要求和市场供求机制约束下，赤字货币化不会带来通货膨胀，也不会导致资产泡沫，相反可为财政政策提供空间②。

有不少学者支持赤字货币化观点。陆挺（2020）认为，从降低政府融资利率，提升中央政府救助能力，避免商业银行资金无法精准流入真正需要支持的领域等方面考虑，中央银行在二级市场购入并持有国债，优于借贷给商业银行来间接支持国债发行。在面临巨大冲击和困难时，政府该出手时就应该出手。研究表明，若不将一些债务显性化，会有更多规模的债务通过隐性的赤字货币化来实现③。国外的一些研究成果也支持了将财政赤字货币化的观点。Gali（2020）比较研究了通过赤字化实施的扩张性财政政策与债务融资的政策效应。若不存在"零利率下限"（Zero Lower Bound，ZLB），赤字货币化的刺激效应更大。赤字货币化不需要增加政府债务的存量，也不需要增加当前或未来的税收，还能带来更大的产出水平④。如有"零利率下限"的限制，则该政策效应会更小。

持反对观点的学者表达了自己对财政赤字可持续性及其可能产生的挤出效应和通货膨胀等问题的担忧。反对者普遍认为，财政赤字货币化通常被视为特殊情形下的极端救助工具，其实施要考虑诸多前提条件。我国经济韧性足，且财政政策和货币政策都有空间，实施赤字货币化没有必要。中国人民银行货币政策委员会委员马俊认为，财政赤字货币化可能导致货币长期超发从而引起通

① 刘尚希：《新的条件下，财政赤字货币化具有合理性、可行性和有效性》，https：//finance. sina. com. cn/china/gncj/2020－05－02/doc－iirczymi9496976. shtml。

② 刘尚希、盛松成、伍戈等：《财政赤字货币化的必要性讨论》，《国际经济评论》，2020 年第 4 期，第 12 页。

③ 蒋梦莹：《陆挺："赤字货币化"不等于印钞无节制》，https：//www. thepaper. cn/newsDetail_forward_7438290。

④ Gali J：The effects of a money－financed fiscal stimulus. Journal of monetary economics，2020，115（11）：1.

货膨胀和金融风险①。财政过度负债会使政府占用大量资源，挤出企业部门经济活动，不利于经济增长。央行前副行长吴晓灵认为，央行可以通过多种方式提供流动性，也包括买入政府债券提供流动性。但央行从一级市场买进，缺乏主动权，对财政纪律的制约有限②。财政部原部长楼继伟在 2020 年中国财富管理 50 人论坛上表示对中国人民银行直接购买国债建议的反对。用一般债务来弥补赤字缺口是被允许的，但中国人民银行直接购买国债是违反《中华人民共和国中国人民银行法》中关于"中国人民银行不得对政府财政透支"规定的③。

熊掌与鱼不可兼得。财政赤字是否可以货币化是在特殊时期引发的一个尖锐问题，站在财政部门和中国人民银行两个职能部门的角度，可能会得出截然不同的结论。中国人民银行负责货币铸造、印制和发行，同时代理金库，严格财政纪律。财政部不能向中国人民银行透支是保持中国人民银行独立性的一道红线，代表中国人民银行利益的经济学者强烈反对赤字货币化自然有其反对的道理。

道理越辩越明，关于抗疫国债发行方式的争议终于尘埃落定。2020 年 6 月 15 日，财政部发布通知称，决定发行 2020 年抗疫特别国债一期、二期。抗疫特别国债是为应对疫情影响，由中央财政统一发行的特殊国债，不计入财政赤字，纳入国债余额限额，全部转给地方主要用于公共卫生等基础设施建设和抗疫相关支出④。不同于前两次特别国债发行主要采取定向的方式，本次 1 万亿的特别国债全部市场化发行，超出市场预期。

2020 年 7 月 30 日，随着 2020 年抗疫特别国债（四期）发行完成招标，1 万亿元抗疫特别国债发行任务顺利完成。关于国债发行引发的财政赤字能否货币化的争论告一段落，但这次学术讨论对合理确定财政部和中国人民银行职能边界带来的反思仍在持续。

---

①　董碧娟：《"财政赤字货币化"是个啥？ 学者们因为它"吵"起来了……》，https://www.thepaper. cn/newsDetail _ forward _ 7583151。

②　吴晓灵：《中国财政赤字货币化问题辨析》，《清华金融评论》，2020 年第 6 期，第 60 页。

③　张智：《特别国债发行在即　财政赤字货币化要来了？》，https://www. chinatimes. net. cn/article/96926. html。

④　曾金华：《抗疫特别国债启动发行　首批一千亿元 6 月 18 日招标》，https://www. gov. cn/xinwen/2020—06/16/content _ 5519677. htm。

【案例使用说明】

一、教学目标

（一）知识目标

通过学习，学生应掌握财政赤字弥补的主要方式、财政赤字弥补方式对经济带来的影响、特别国债与普通国债发行的区别。

（二）能力目标

培养学生的逻辑思维能力和辨别能力。学生应该运用自己的所学知识，分析倘若财政赤字货币化之后的经济后果并做出独立判断。

（三）思政目标

锻炼学生的独立思考能力和换位思考能力。学生应运用习近平新时代中国特色社会主义思想的世界观和方法论，坚持问题导向、坚持系统观念，对各种方案的利弊做出客观全面的分析判断，对专家观点能够批判性接受。

二、启发思考题

(1) 什么是财政赤字货币化？

(2) 财政赤字货币化之后有哪些弊病？

(3) 发行特别国债弥补财政赤字应注意哪些问题？

三、教学设计

（一）布置查询财政赤字货币化相关资料的任务

要求学生查询网络资源和期刊文献，归纳整理出财政赤字货币化的内涵、主要方式、利弊等，为下一环节的学习做好知识储备。

（二）组织辩论赛，选派小组代表上台进行辩论

开展一次辩论赛，辩题为"财政赤字是否可以货币化"。选出正方代表和反方代表，请学生提前一周堂下准备辩论素材，在课堂上开展一次时长 30 分钟的名为"针锋相对"的主题辩论。

（三）要求学生完成课后作业

2020 年关于财政赤字货币化的争论暂时告一段落。尽管这是因新冠疫情

在特殊时期出现的特殊争论，但每当财政出现困难时，减轻对财政赤字和政府债券发行约束的声音就会甚嚣尘上。不少地方政府也为解决当前收支困难存在举债幻觉，存在中央政府兜底偿债责任的预期。请学生查阅资料后写出当前及今后一段时间如何加强政府赤字和债务管理的分析报告。

四、理论依据与具体分析

（一）理论依据

1. 财政赤字弥补方式

财政支出大于财政收入的差额为财政赤字。预算赤字为一般公共预算支出大于一般公共预算收入的差额。决算赤字则为决算收入低于决算支出的差额。预算赤字和决算赤字均被称为财政赤字。此处以预算赤字为例，分析财政赤字常见的弥补方式[①]。

弥补财政赤字的每种方式对政府都意味着一种风险和收益的组合，赤字的弥补必须结合特定经济和体制背景进行具体分析。

（1）动用往年财政结余。用往年财政结余弥补财政赤字，一般不会引起国民收入超经济分配，是弥补方法中最理想的一种方法。但随着政府职能的扩展，各国大部分年份都是赤字，出现财政结余的年份很少，且结余量也不大。因此，靠动用财政结余来弥补赤字可行性不强。

（2）发行国债。发行国债是政府以债务人身份通过国家信用筹集资金。由于国债要偿还，且国债发行往往是对即期征税方案的替代，国债发行易被社会公众接受。采取发行国债来弥补赤字比较公平、合理，也符合市场经济效率原则。此外，发行国债可以使社会暂时闲置的货币资金聚集到国库而不改变社会货币资金总量，不会立即引起信用膨胀，对经济的负面影响较弱。

（3）向银行借款。向中央银行借款来弥补赤字，一般是在动用结余和发行政府债券还不能弥补赤字的情况下被迫采取的措施。计划经济体制下，我国财政部可以向银行透支，财政透支后获取的资金既不还本也不付息。《中国人民银行法》颁布后，财政不能向中国人民银行透支，政府债务规模显著增加。若中央银行不能保持独立性，则财政从中央银行获取资金行为受到弱约束，极易发生政府债务货币化。

（4）发行货币。当一国财政赤字过大或财政形势严峻时，政府可以通过印

---

① 杨明洪、段海英、邓菊秋：《财政学（第四版）》，四川大学出版社，2018年，第377~381页。

刷一定数量的钞票（不兑现纸币）的形式弥补赤字。一方面，政府扩大基础货币发行获取更多的归政府支配的实际资源量，相当于政府向境内货币持有者征收了一种隐含税收——"铸币税"（Seigniorage）；另一方面，当货币发行量超过经济需要造成通货膨胀时，政府所欠的国内债务价值降低，从而"有意无意地"课征了一道"暗税"——"通货膨胀税"（Inflation Tax）。实际上，由于大部分国家的货币发行权掌握在中央银行手里，这种极易导致通货膨胀的危险方法很少被采纳。

此外，政府还可通过变卖国有资产、提高税率、开征新税等方法增加财政收入，达到弥补财政赤字的目的。

2. 财政赤字不同弥补方式带来的经济影响

财政赤字对经济的影响主要取决于赤字的弥补方式：

（1）财政赤字对货币供给的影响。

①向银行借款弥补财政赤字对货币供给的影响。

当财政向中央银行借款弥补财政赤字时，会直接增加基础货币量。但此时是否一定会引起货币供给过量，不能简单地做出结论。随着经济的增长，对货币的需要必然增加，从而要求增大货币供给量。每年由于经济增长引起的货币需要量对应着一定量的基础货币，这个对应规模的基础货币可视为财政借款的最大限额。只要财政借款不超过这个限额，一般不会引发通货膨胀。或者说，只要银行能控制住贷款规模，就能成功避免财政向银行借款时导致货币供应过量。不过，要让银行合理控制信贷规模避免其影响，在实践上几乎做不到。这是因为，赤字数额是在年终结算时才能知道，当赤字发生时，银行已来不及缩小信贷总规模，之前增加的货币已进入流通领域。而且，新的预算年度要通过压缩信贷规模促使货币回笼也难以实现，强制压缩各银行的信贷规模会引起一系列调整，也会引起企业贷款难的问题。

②发行国债弥补财政赤字对货币供给的影响。

用发行国债来弥补财政赤字对货币供给的影响，需要结合购买主体进行具体分析。当居民或企业包括商业银行购买公债时，一般只是购买力的转移或替代，不会引起货币供应增加。由中央银行认购国债，极有可能增加货币供给。中央银行认购国债，商业银行有了超额储备，可能扩大贷款规模，导致货币供给增加。当然，银行若能控制贷款总规模，不一定会扩大货币供给。不过，现实中要做到让商业银行在存款增加时不扩大贷款，或中央银行认购国债时相应缩小对商业银行的贷款规模是很困难的。

（2）财政赤字扩大总需求的效应。

财政赤字对需求的总量和结构都可能产生影响。财政赤字是否扩大总需求，带来国民收入超经济分配，应从赤字弥补方式来分析。国民收入超经济分配实质上是指总需求大于总供给，货币供给量大于货币需求量。假定财政赤字由财政结余或举债方式弥补，引起国民收入超分配的可能性不大。但财政向银行透支或发行货币弥补赤字，则以是否引起了超过经济需要的货币供给为标准，若造成通货膨胀，就会带来国民收入的超分配。

（3）财政赤字的挤出效应和挤入效应。

实行扩大政府投资的扩张性财政政策导致的财政赤字，可能产生政府部门对民间部门（企业、居民）在资源占有与使用量上的挤出，产生挤出效应。从挤出效应理论来看，财政赤字对民间部门投资的挤出效应是通过利率机制来实现的。另一种表现形式的挤出效应更常见：政府投资领域的增加，使民间部门在这些领域的投资受到排挤，进而削减其投资量并通过反向乘数效应减少国民收入，结果是部分或全部抵消政府增加投资时创造的国民收入。挤入效应（拉动效应）是指政府支出增加，带动投资需求和消费需求的增长，使得国民收入和私人投资有所增加。

赤字会通过利率上扬抑制民间投资，又能通过挤入效应促使经济增长增加民间投资。社会总投资最终是增还是减，取决于挤出效应和挤入效应的力量对比。

（4）财政赤字与国债发行。

财政赤字与国债相互影响。发行国债是弥补财政赤字的主要手段，也是增大财政赤字的主要因素。在政府财政收入未形成有效增长机制的情况下，用国债来弥补财政赤字，债务会随着财政赤字的增长而增长，而债务利息也会进一步增加，加重财政负担。财政不得不依靠借新债还旧债，使财政赤字与国债陷入恶性循环。发行国债虽然是弥补财政赤字的一种可靠手段，但国债规模和结构也是财政赤字的重要原因。

（二）具体分析

1. 财政赤字货币化的内涵

财政赤字货币化是指中央银行通过发行货币为政府债务融资的行为，利用中央银行发行的货币进行财政支出或填补财政赤字。财政赤字货币化的具体方式主要有三类：中央银行印刷货币，将现金转至国库；中央银行直接承购国债；债务减记。

第一种印钞票的方式相当于直接增发货币，是极端情况下才会采取的方式。第二种方式即中央银行承购国债的方式在世界各国较常见，由此方式带来的赤字货币化可以理解为中央银行通过直接购买债券的方式长期乃至永久性持有政府债务，导致货币供应量由于中央银行的公债购买行为而增加的经济现象①。第三种方式除了直接债务减记，还可将债务改记为中央银行对政府的永久无息债权，效果与直接转移现金类似。

财政赤字货币化在实践中的应用，可以从狭义和广义两个视角来看。狭义视角指的是中央银行在一级市场上承购国债；广义视角则不区分是在一级市场上承购还是通过二级市场购买，看重的是中央银行负债表中持有的政府债券，即通常所说的量化宽松（Quantitative Easing，QE）政策。财政赤字货币化实质接近于通常所说的量化宽松。

中国人民银行货币政策委员会委员马骏（2020）对财政赤字货币化有一个比较通俗的解释：政府在财政入不敷出的情况下，不是通过"借钱"（如向市场发债）的方式来为其财政赤字提供融资，而是靠自己"印钱"来为赤字融资②。Friedman（1969）提出"直升机撒钱"（Helicopter Money）一词，用于描述通过货币融资操作帮助财政部门加大面向个人和企业的转移性支出力度，其就是一种典型的赤字货币化政策。"直升机撒钱"政策在新冠疫情期间被很多国家采用，用来刺激本国经济。

2. 财政赤字货币化的弊端分析

财政赤字货币化会带来对财政纪律的违反。《中华人民共和国中国人民银行法》第二十九条明确规定："中国人民银行不得对政府财政透支，不得直接认购、包销国债和其他政府债券。"这项规定是汲取了各国历史经验和教训做出的理性抉择，是针对财政行为的最后一道防线。对于中央银行来说，保持一定的独立性是必需的。历史上也有很多案例允许财政向中央银行借款导致通货膨胀，继而产生一系列连锁反应，最终导致市场崩溃。这种机制下的财政过度负债会使得政府占用大量资源，资源错配，挤出企业部门的经济活动，导致整个经济的生产率和增长潜力下降。

财政赤字货币化可能引起地方政府债务规模的失控。地方政府和地方融资平台公司扩张债务意愿十分强烈，特别是在经济下行期间，对加大赤字支出的

---

① 毛捷、孙浩、徐军伟：《财政政策与货币政策协同的理论思考和实践构想》，《财政研究》，2020 年第 12 期，第 12 页。

② 马骏：《关于财政赤字货币化之我见》，《金融时报》，2020 年 5 月 18 日第 2 版。

饥渴更为强烈。若开启财政货币赤字化，则现有的政策措施难以精准调控地方政府举债行为，容易引发过度投资和重复投资，造成社会财富浪费。政府的投资膨胀会破坏长期改革成型的稳健财政纪律，导致地方政府对发债产生路径依赖，进而对政府通过印刷钞票化解前期地方债务产生预期。尽管有国债余额的限制，但地方政府可以通过形成隐性债务达到突破债务限额的目的，加大债务风险。

财政赤字货币化可能引起通货膨胀。中央银行负债表中出现持有政府债券这种形式，即赤字货币化已经在美日等主要经济体中出现。为应对新冠疫情的冲击，美联储、欧洲央行、英国央行和日本央行都在2020年推行了量化宽松政策。从效果来看，其缓解了财政政策的融资难题，似乎没有出现通货膨胀率急剧上升的现象，但政策副作用已经显现，表现为催生资产价格泡沫、积累债务风险、政策依赖性大、难以退出等。从长期看，世界各国过度负债引发通货膨胀和经济停滞的教训有很多，要警惕政府的过度支出和负债。

"财政赤字货币化"并不是解决财政困境的唯一方法，它可能带来的恶果是难以估计和不能承受的。政府应珍惜正常的财政政策空间，不要将发达经济体赤字货币化的"无奈之举"当作"济世良药"。已经进入负利率的欧洲和日本迟迟无法从负利率政策中退出，一旦遭受新的经济衰退风险，这些国家因货币政策空间有限只能依靠更为激进的财政政策。中国政府目前国债还能顺利发行，暂时没有让中央银行直接到一级市场购买国债的必要。只有保持对财政纪律的敬畏，才能给政策空间留有余地，让经济巨轮平稳应对惊涛骇浪。

3. 我国发行特别国债弥补财政赤字应注意的问题

在认购方式方面避免要求中国人民银行直接认购国债这种情况。若财政赤字货币化，则极易产生通货膨胀，对政府债务风险管理产生负面影响。不到迫不得已，特别国债的发行万万不能采取中国人民银行直接认购的方式。

提高特别国债支出项目资金使用情况的透明度。特别国债纳入政府性基金预算管理而不是一般公共预算管理，相比较一般公共预算支出而言，受到预算监督的约束较小，这是今后特别国债管理值得改进的地方。

提高特别国债的支出效益。特别国债投资的项目需要取得一定收益，要有稳定现金流资产与之对应，才能产生对应的收益偿还债务。因此，应加强特别国债投资项目资金走向的管理，不能允许其进入房地产市场和资本市场引起房产价格上升和股市泡沫，也不能让其形成形象工程和政绩工程，造成投资资金的浪费。因此，应规范投资行为，加强支出绩效管理和审计，提高投资决策的科学性。

改善经济基本面，才能从深层次解决债务危机。在经济下行，财政吃紧的情况下，对要素市场进行全面改革是头等大事。影响经济增长至关重要的土地、劳动力、资本、创新等要素存在着十分明显的供给抑制与供给约束。真正发挥市场机制在配置资源方面的决定性作用，全面释放经济社会活力，是破局的关键。

（段海英）

参考文献

[1] 贾康，张晶晶. 财政赤字货币化的"真问题"和"落脚点"[J]. 社会科学文摘，2021，19（4）：40—42.

[2] 刘尚希，盛松成，伍戈，等. 财政赤字货币化的必要性讨论[J]. 国际经济评论，2020，25（4）：9—27.

[3] 刘新华，王梦杰，彭文君. 财政赤字货币化的本质——基于现代货币理论的视角[J]. 江西社会科学，2021，42（9）：47—58.

[4] 毛捷，孙浩，徐军伟. 财政政策与货币政策协同的理论思考和实践构想[J]. 财政研究，2020，41（12）：11—21.

[5] 吴晓灵. 中国财政赤字货币化问题辨析[J]. 清华金融评论，2020，8（6）：59—62.

[6] 许明，张立光. 当前财政赤字货币化的争论及建议[J]. 金融理论探索，2021，37（2）：11—19.

[7] 杨明洪，段海英，邓菊秋. 财政学[M]. 4版. 成都：四川大学出版社，2018.

[8] 周春生，冯科. 理性看待财政困境 慎用财政赤字货币化[J]. 行政管理改革，2020，12（7）：37—44.

案例 6－2
数说十年："减税降费"见成效

【案例简介】

2022 年 5 月 17 日，中共中央宣传部举行了"中国这十年"系列主题新闻发布会第四场会议，聚焦财税改革与发展，财政部、审计署、国家税务总局相关负责人介绍了财税改革与发展有关情况。

财政部负责人在会上介绍，我国财政实力在这十年间显著增强，税费改革为全面深化改革发挥了"突破口"和"先行军"作用。2012—2021 年，全国一般公共预算收入从 11.73 万亿元增长到 20.25 万亿元，十年收入累计达到163.05 万亿元，年均增长 6.9%。从税收收入来看，全国税收部门组织税收收入从 2012 年的 10.06 万亿元增加到 2021 年的 15.5 万亿元，累计征收的税收收入超过 110 万亿元。十年来，全国财政支出规模逐年扩大。全国一般公共预算支出从 2012 年的 12.6 万亿元增长到 2021 年的 24.63 万亿元，十年累计193.64 万亿元，年均增长 8.5%，有力地促进了经济社会事业全面发展进步①。

十年来，随着经济平稳健康发展，国家财政收入保持较快增速，财政实力不断增强，企业和个人从税制改革中获得不少改革红利。十年的税制改革中，完善税制与减税并重，税负水平不断减轻，为社会经济高质量发展提供了助力。我国宏观税负从 2012 年的 18.7% 降至 2021 年的 15.1%，特别是 2019 年实施更大规模减税降费，当年宏观税负比 2018 年降低 1 个百分点②。

2022 年、2023 年我国实施新的组合式税费支持政策。这些政策既有阶段

---

① 汪文正：《强化资金和政策保障　增进高质量发展成色》，《人民日报·海外版》，2022 年 5 月 18 日第 2 版。

② 鲁元珍：《财税体制改革深化　财政"蛋糕"越做越大》，https://www.gov.cn/xinwen/2022－05/18/content _ 5690908. htm。

性措施，又有制度性安排；既有普遍适用的减负政策，又有特定领域专项帮扶措施；既有减免政策，又有缓缴退税措施；既有延续性安排，又有新增部署；既有中央统一实施的政策，又有地方依法自主实施的措施。近期增值税留抵退税政策的实施、增加个税专项附加扣除项目、提高个税三项专项附加扣除标准等减税政策，关切百姓需要、减轻市场主体负担，对激发市场主体活力发挥了重要作用。

作为积极财政政策的主要工具之一，减税降费政策在近年来稳定经济增长中发挥了重要作用。但随着经济形势的变化，税收政策面临空间缩小、作用减弱等诸多新问题。提升政策的精准性，增强税制的科学性，着力扩大国内需求是财政政策进一步加力提效的重要方向和着力点，也是优化减税降费的重要方向。

【案例使用说明】

一、教学目标

（一）知识目标

学习我国的税制体系，并能够分析当前我国税制改革存在的不足，提出解决办法。

（二）能力目标

通过对案例中税制改革推进国家治理体系现代化的理解，形成看待问题的大局观。

（三）思政目标

总结我国十年来税制改革深化的历程和成果，培养学生系统科学的学习思维；让学生乐见改革成果，增强道路自信和制度自信。

二、启发思考题

（1）我国为什么要积极推进减税降费政策？

（2）我国税制改革如何体现以人民为中心的发展思想？

三、教学设计

（一）探讨推行减税降费政策的原因

（1）课堂探讨。开展启发式课堂教学。教师通过给学生讲解减税降费能够促进经济高质量发展的几种学说，激发学生的学习兴趣，启发学生思考减税降费政策的科学性和有效性。

（2）案例分析。梳理案例脉络，开展小组讨论。请学生讲述十年来我国减税降费政策的实施成果，提高学生对税制改革成果的理性认知，激发学生对祖国的热爱之情，培养学生经世济民的社会责任感和担当意识。

（3）教师讲解。教师讲解积极财政政策的实施前提和政策效应。帮助学生理性客观分析我国近期税制改革的发展脉络和存在问题，深化学生对财政学专业知识的理解，增强学生运用专业知识分析解决实际问题的信心。

（二）分析坚持以人民为中心推动税制改革

（1）分组讨论。鼓励学生积极参与课堂讨论。把学生分成不同小组展开自由讨论，引导学生积极表达自己的观点。学生之间可以相互提问并展开说说自己的家人朋友的纳税情况变化，比如自己父母每个月缴纳的个人所得税受到哪些政策调整的影响，讨论税收政策是如何影响到自己的生活质量。

（2）教师讲解。从现实生活出发，说明减税降费政策实实在在给百姓带来的好处，培养学生的经济学思维，深刻体会以人民为中心这一思想背后的含义。

（3）课后查阅资料。学习本案例后，请学生就我国的减税降费政策进行更深层次的挖掘，加深对本案例的理解。

四、理论依据与具体分析

（一）理论依据

1. 古典经济学派赋税理论

古典经济学派赋税理论是指17世纪下半期代表资本主义上升时期新兴产业资产阶级利益的古典经济学派的赋税理论。古典经济学派主张经济自由放任、自由竞争，听任"看不见的手"即市场力量自发调节经济运行，反对国家对经济活动的干预，提出"廉价政府"的消极财政观点，认为财政支出具有非生产性，因此坚持要缩小国家职能，把财政收支限制到最低限度。

古典经济学派在赋税理论上的主要观点：①税收的源泉来自地租、利润和工资三项收入。②揭露和批判封建税收制度的残酷剥削和对生产发展的严重危害，提出著名的"平等""确实""便利"和"最小征收费用"等有利于新兴资产阶级的税收四大原则。③提倡直接税与间接税二者相结合构成的税收体系，反对"单一地租税"。④提出了税收转嫁与税收归宿的理论。⑤税收负担应以不侵犯一国的资本为原则。因为若侵犯了资本，其结果轻则会使投入生产性消费上的基金受到损失，重则"穷困和灾祸就会随之而来"。

2. 供给学派

供给学派是20世纪70年代在美国兴起的经济学流派，强调供给对经济的影响，提倡减免税收，反对政府过度干预，反对政府花费过多的财政支出在社会福利上。

供给学派的一项重要研究成果是拉弗曲线，该曲线提出者是阿瑟·拉弗，揭示的是税率与税收之间的关系。拉弗认为，当税率调整时，税收收入的变化呈现"倒U"型，高税率不一定会带来高税收，高税收也不一定需要高税率。他认为存在一个最优税率使得税收收入最大化。当税率低于最优税率时，税收将随着税率的增加而增加；反之，如果税率超过最优税率，税收将随着税率的增加减少。从某种意义上讲，税收减免并不一定会使税收下降，反而会使税收增加，原因就是减税可以增加个人或企业的活力，进而刺激居民储蓄与企业投资，推动经济发展。政府适度降低税率推行减税政策，可以拓宽税基，增加政府税收。

3. 凯恩斯学派

与供给学派相反，凯恩斯学派是从需求角度出发研究经济问题的经济学流派。凯恩斯学派是建立在凯恩斯著作《就业、利息和货币通论》思想基础上的经济理论，认为总需求决定着整个社会的产出与就业，在总需求不足的时候，政府应该采用扩张性的经济政策干预经济，通过刺激需求促进经济增长。

凯恩斯学派非常重视税收对经济的调控作用，认为它是一种有效的刺激内需和扩大投资的工具。当政府采取税收减免政策时，消费者与企业的可支配收入增加，进而刺激消费需求与投资需求，并且最终通过乘数效应增加国民收入，促进就业并拉动经济发展。

（二）具体分析

1. 减税降费中的加减法

政府的宏观政策目标包括经济增长、充分就业、物价稳定和国际收支平衡这四大目标，在不同的时期，由于经济社会面临的主要矛盾不同，政策目标的重点也就不同。大力推进减税降费的原因，其实就是政府愿意牺牲短期的税收收益，换取经济的活力，从而推进经济的高质量发展。

"减税"是指对纳税人采取税收减免的方式，减轻纳税人的纳税负担，涵盖包括所得税和增值税在内的绝大部分税种；"降费"是指降低各类费用来减轻居民负担，包括降低行政事业性收费、社保基金费用等。"中国这十年"新闻发布会上的数据显示，在2013年到2021年期间，我国新增减税降费累计达到8.8万亿元，对我国市场主体起到了极大支持作用，帮助各类市场主体加快发展。而且我国今后将继续执行新的组合式税费支持政策，为企业减轻负担，刺激市场经济活力。以我国对小微企业的扶持为例，对其采取的减税降费政策极大地促进了我国就业的稳定。我国财政持续加大对小微企业税收支持力度，多次调整增值税小规模纳税人减免增值税政策和小规模纳税人起征点，也连续多次降低小微企业所得税能享受的门槛，延续实施重点群体创业就业支持政策，降低市场主体负担，促进稳岗扩就业。

我国十年间退税减税降费的历程，正是国家以税收"减法"为代价，为企业创造"加法"，以及为市场活力创造"乘法"的历程。政府宁愿自己过"紧日子"，也要让人民过"好日子"。

2. 坚持以人民为中心开展税制改革

在选择减税对象方面，政府始终贯彻以人民为中心的发展理念，将税收优惠政策优先给予低收入人群、小微企业等重点群体，坚持"做大蛋糕"与"分好蛋糕"相结合，确保减税降费的成果惠及全体人民并推动共同富裕。

首先是我国减税降费政策强调在分配环节"分好蛋糕"，保障中低收入群体的基本生活需要，促进社会公平。通过个人所得税改革，提高免征额并逐步新增涉及基本民生支出的扣除项，为低收入群体减轻税负压力，推动实现"调高、扩中、提低"的目标，使分配结构进一步优化。对于低收入群体而言，提高免征额和增加专项附加扣除考虑了其生活负担，有助于减少低收入者应纳税所得额，使其不交个税或少交税。对于中等收入群体，个税由分类征收改为综合征收，把工资、劳务、稿酬、特许权使用费等合并在一起，改变部分劳动性所得的征收模式。而个人所得税综合所得按年度汇算清缴，有助于解决不同收入群体在征税过程中纵向、横向不均衡问题，切实降低工薪阶层的实际税负，促进税收公平性，进而为"扩中"奠定基础。

除了"分好蛋糕"，我国的减税降费政策也为"做大蛋糕"提供了支持。减税降费政策的重点对象是小微企业。一直以来，我国对小微企业的税收优惠政策力度不断扩大，在企业所得税方面，多次扩大小微企业优惠政策的使用范围；在增值税方面，不断为小规模纳税人提供免征、减计的优惠政策。我国的减税降费政策采取了普惠性减税和结构性减税并举的组合方式，旨在确保全部行业都能受益。这种让利于全体人民的举措，有助于促进全行业通力合作"做大蛋糕"，推动共同富裕。

（彭　连）

参考文献

[1] 马海涛，姚东旻，孙榕. 我国减税降费的理论内涵、演进逻辑及基本特征 [J]. 财经问题研究，2023（2）：14—24.

[2] 沈建波，卢艺，郭君. 减税降费：基于税收职能作用视角 [J]. 财会通讯，2023（14）：165—170.

[3] 李艳，汪德华，史宇鹏. 大规模减税降费政策的效果评估——基于企业满意度调查的研究 [J]. 学习与探索，2022（6）：121—131.

[4] 吕炜，刘欣琦. 学习领会习近平总书记关于财政工作重要论述：鲜明特质、理论内涵与实践经验 [J]. 地方财政研究，2022（8）：4—13+89.

[5] 冯攀攀，陈婷，张敏. 我国减税降费研究综述与展望 [J]. 郑州轻工业大学学报（社会科学版），2022，23（4）：68—74.

[6] 詹新宇. 我国减税降费的模式演进与改革方向 [J]. 国家治理，2022（17）：49—54.

[7] 李旭红. 减税降费助力小微企业发展 [J]. 中国税务，2019（4）：14—17.

[8] 孙芳屹. 西方经济学减税理论对中国经济发展的启示 [J]. 现代商业，2017（24）：70—71.

案例6-3
财政政策加码，释放积极信号

【案例简介】

为支持灾后恢复重建、提升防灾减灾救灾能力，2023年10月24日十四届全国人大常委会第六次会议表决通过了人大常委会《关于批准国务院增发国债和2023年中央预算调整方案》的决议。中央决定，2023年第四季度增发2023年国债1万亿元，其中2023年拟安排使用5000亿元，结转下一年使用5000亿元。增发的国债作为特别国债管理，全部通过转移支付方式安排给地方。同时，2023年全国财政赤字将由3.88万亿元增加到4.88万亿元，中央财政赤字由3.16万亿元增加到4.16万亿元，财政赤字率提高到3.8%左右。增发国债的积极财政政策对于稳增长、稳预期，保基本民生、保市场主体等具有重要意义，释放出积极信号。

特别国债是服务于特定政策、支持特定项目需要而发行的国债。我国曾于1998年、2007年及2020年增发特别国债（不含续发），3次增发特别国债都有特殊背景，资金也有特定用途。1998年8月财政部向工、农、中、建四大国有商业银行一次性定向发行2700亿元特别国债，用于补充四大行资本金，应对全球金融危机。2007年，财政部发行1.55万亿元特别国债，目的在于组建中国投资有限责任公司及购买外汇，缓解流动性过剩及通胀压力。2020年财政部增发1万亿元特别国债，目的在于筹集财政资金，统筹推进疫情防控和经济社会发展。与普通国债相比，特别国债的发行有特定背景，支持特定项目，强调专款专用，而且发行期限通常以中长期为主，纳入政府性基金预算而非一般公共预算。

不同于以往特别国债不纳入财政赤字的常规操作，2023年增发的1万亿元国债全部纳入财政赤字管理。这意味着未来偿还国债时主要使用一般公共预算收入，这有利于合理调剂与平衡"四本账"，也对政府未来用一般公共预算收入偿还债务的约束更强。刻意纳入本年度财政赤字的做法，既释放了财政积极扩张的重大信号，也释放出加强特别国债支出管理的信号。

在资金投向方面，此次增发国债是为了支持灾后恢复重建和提升防灾减灾救灾能力，此次增发国债获取的资金将重点用于灾后恢复重建、重点防洪治理工程、自然灾害应急能力提升工程、其他重点防洪工程、灌区建设改造和重点水土流失治理工程、城市排水防涝能力提升行动、自然灾害综合防治体系重点建设工程、东北地区和京津冀受灾地区等高标准农田建设等八大方面。

为了缓解地方在灾后恢复重建和提升防灾减灾救灾能力方面的地方财政支出压力，此次增发的1万亿元国债全部通过转移支付方式安排给地方，中央财政承担债务还本付息。中央财政全部承担本次特别国债债务的安排，有利于从总体上优化政府债务结构，降低地方债务风险。为了提高债务资金使用效率，本次在资金的管理和使用方面充分利用直达机制，将国债支出资金全部纳入财政直达资金范围，实施全流程跟踪监测，确保资金按规定用途使用①。

本次增发国债主要是为了应对异常气候变化，用于抗灾减灾、保证基础设施建设。积极的财政政策突出民生导向，带动消费与投资，有助于缓解地方财政压力，同时也传递出政府稳增长、稳预期的决心，助力经济持续回升。

【案例使用说明】

一、教学目标

（一）知识目标

（1）掌握财政政策的定义、分类、影响机制等理论知识。

（2）掌握扩张性财政政策常用的政策工具。

（二）能力目标

（1）通过小组任务、分组讨论、自由发言等形式，锻炼提高学生的团结协作能力、自我表达能力等。

---

① 申铖：《透视我国增发 2023 年国债 1 万亿元的深意》，http://www.news.cn/fortune/2023−10/24/c_1129935679.htm。

（2）引导学生结合当下经济情况，理解政府采用的财政政策类型及政策工具，提高学生理论联系实际能力。

（三）思政目标

（1）了解特别国债发行的时代背景，理解财政政策适时调整的原因和预期效果，引导学生树立问题导向意识，坚持实事求是的方法论。

（2）增强学生的政治认同，了解我国的宏观调控措施在解决市场失灵问题等方面的制度性优势。

二、启发思考题

（1）思考支持灾后恢复重建的基础设施建设为什么需要由政府提供。

（2）结合此次增发国债对经济发展的影响，谈谈财政政策的逆周期调节作用。

（3）结合案例并收集相关资料，谈谈我国进行财政政策适时调整带来的启示。

三、教学设计

（一）要求学生查询资料，了解什么是市场失灵

请学生根据已有的经济学基础理论谈谈市场失灵理论，包括市场失灵的类型等，详细分析本案例中蕴含的外部性问题以及公共品提供问题，进而理解财政的经济稳定与发展职能，提高学生理论联系实际能力。

（二）探讨财政政策的重要作用

请学生结合案例以及自己的亲身感受和相关新闻报道，分享特别国债等财政政策的巨大作用；思考在灾后恢复重建和提升防灾减灾救灾能力的过程中财政的重要定位和作用，更好理解民生财政的概念，引导学生树立民生财政思想，培养经世济民情怀。同时，政府在防灾减灾救灾中所起的积极作用，展现了我国宏观调控等措施在矫正市场缺陷、解决市场失灵问题等方面的制度性优势，展现了党和国家始终坚持以人民为中心，坚持以人民利益为根本，增强学生的政治认同。

（三）组织小组分享

通过国债制度的介绍，学生已经了解到我国发行特别国债的背景，特别国债的发行正是对现实情况以及现有问题做出的有力回应，是坚持问题导向的方法论做出的重要财政政策调整，引导学生树立问题导向意识，坚持一切从实际

出发、实事求是的方法论。

具体教学设计如表1所示。

表1　案例6-3具体教学设计

学习阶段	学习内容	学生活动	学习目标
课前	复习回顾市场失灵理论、财政的职能	自主复习	回顾基础知识及理论，加强记忆与理解，为理解本部分知识点做好准备
课中	案例引入：引导学生思考灾后恢复重建等相关支出为什么需要财政提供	自由发言	将基础理论应用于分析实际问题，提高理论联系实际能力
	教师讲解财政政策的分类及作用等，请学生分组讨论，并回答本案例中财政政策的作用	听完讲解，分组讨论并回答问题	将基础理论应用于分析实际问题，提高自主学习思考能力；通过作用分析，理解财政政策的逆周期调节作用，理解民生财政的指导思想
	拓展讲解：教师简要讲解我国特别国债发行的历史，请学生思考财政政策的适时调整对我们个人成长有哪些启示	听完讲解，自主思考并回答问题	增强学生对财政基础知识的了解；引导学生树立问题导向意识，坚持一切从实际出发、实事求是的方法论
课后	通过线上测试题形式，对本部分知识点的掌握程度进行考察	做题回顾知识	增强对专业知识的掌握和理解

四、理论依据与具体分析

（一）理论依据

1. 功能财政论

功能财政论（The Functional Finance Fiscal Norm）是把稳定经济作为第一目标的财政政策理论。美国经济学家勒纳在20世纪40年代发表文章，提出"功能财政"的预算准则。该理论的核心思想是，政府财政的基本功能是稳定经济，财政政策的运用应着眼于其对经济所产生的结果，而不应过多考虑这些政策是否遵循了既定的传统学说。

功能财政论认为无论是年度的还是周期的平衡预算，都只具有第二位的重要性。政府财政的基本功能是稳定经济，这才是最重要的。政府预算的首要目的，是实现充分就业和物价稳定。财政预算应从其对经济的功能来着眼，不应只关心税收收入与公共支出是否平衡，不应为达到预算平衡而置经济平衡于不顾①。

功能财政论将预算平衡与否的判断，从实际的预算收支差额转向对经济进行分析，带来预算平衡理论的重大转变。这一理论证实了经济衰退期存在预算赤字的必要性，从而为连年不断的预算赤字提供了避风港。功能财政论对平抑短期的周期波动效果比较理想，而对长期的经济增长影响不够明显，容易导致政府债务规模膨胀。

2. 相机抉择的财政政策

相机抉择的财政政策是一种财政政策类型，指政府根据不同时期的经济形势，相应采取变动政府支出和税收的措施，以消除经济波动，实现宏观经济调控目标。这种财政政策不能依靠政策本身自动发挥作用，而必须由政府对客观经济形势分析判断后有意识地采取措施干预经济运行。

按照财政政策早期理论，相机抉择的财政政策包括汲水政策和补偿政策。汲水政策的含义引自汲水现象——要恢复水泵抽取地下水的功能，必须得先往水泵里注入少许引水。也就是说，在经济萧条时要靠付出一定的公共投资，类似往水泵里注水，才能激发民间部门投资，使经济恢复活力。20世纪30年代美国的罗斯福政府实施的财政政策，就是汲水政策的一个典范。补偿政策是政府为了稳定经济，有意识地从当时经济状态的反方向进行调节的财政政策。在经济繁荣时期，为了减少通货膨胀因素，政府通过增收减支等方法，抑制和减少私人的过剩需求；而在经济衰退时期，政府可通过减收增支的方法来增加消费和投资需求，促进社会有效需求的增加。

虽然补偿政策和汲水政策都是政府有意识地调节经济的政策，但两者的区别是明显的。汲水政策是一种短期的财政政策，政策载体只有公共投资，主要借助公共投资以补偿私人投资的减退，是医治经济衰退的处方，经济萧条消失后就不能再使用。补偿政策则是一种全面干预经济的政策，经济繁荣和萧条时都能运用，它的调节对象是经济的有效需求，调节工具除公共投资以外，还包括税收、转移支付、财政补贴等。

（二）具体分析

1. 灾后重建中的政府责任与担当

灾后恢复重建的基础设施具有典型的公共物品特征，存在明显的正外部

---

① 杨明洪、段海英、邓菊秋：《财政学（第四版）》，四川大学出版社，2018年，第396~397页。

性。但这些基础设施的投资所需资金量大，投资回收期长，回报率低，一般的市场主体不愿意介入。如果单纯依靠市场提供，会导致重建后的基础设施低于最优数量，不可能达到公共物品供给的最优规模。同时，由于其存在收益的非排他性，每个理性的消费者都不愿意自己出钱购买，只是等他人购买而自己顺便享用，即出现"搭便车"现象。因此，灾后恢复重建的基础设施建设需要财政来提供才能满足公共需求。

自然灾害具有不确定性，一旦发生就会严重威胁人民群众的生命和财产安全，影响当地正常的生产、生活和学习，影响社会的稳定发展。而为了应对自然灾害，政府在预算编制时会留有少量的不指定具体用途的预算预备费，针对临时性、紧急性或突发性的财政支出需求。2023 年中国频发的自然灾害造成严重经济损失，叠加经济下行导致的财政增收压力，政府发行特别国债加大积极财政政策的力度是在情理之中的。

政府增发 1 万亿特别国债主要用于抗灾减灾，兼顾支持灾后恢复重建和促进长期能力建设，为受灾地区人民群众建设更加美好的家园，建设更加坚实的防灾减灾屏障。政府补短板、强弱项，整体提升了我国抵御自然灾害的能力，能更好地保护人民群众的生命和财产安全，体现出党和国家面对灾害灾情，始终坚持以人民为中心的发展思想，时刻将人民群众的利益放在首位。

2. 增发国债支持财政政策逆周期调节

从政府宏观调控视角出发，财政政策是政府为实现一定的宏观经济目标而调整财政收支规模、结构和收支平衡的指导原则及其相应措施。财政政策可分为扩张性财政政策、紧缩性财政政策和中性财政政策。其中，扩张性财政政策通过财政收支规模的变动来增加和刺激社会的总需求。本案例中增发特别国债属于扩张性财政政策。

在我国经济下行压力加大、社会需求不足的背景下，增发特别国债有助于增加投资，刺激消费，产生较大的乘数效应，通过逆周期经济调节，加速经济的复苏，助力高质量发展。积极财政政策对于恢复信心、刺激投资和扩大消费是十分有效的，能进一步激发市场主体活力。

2023 年中央财政增发国债产生的主要影响包括：一是缓解地方财政压力。2023 年以来，暴雨、洪涝、台风、地震等灾害给我国部分地区带来了较大损失，地方灾后恢复重建任务较重，地方政府财政压力加大。本次增发国债全部安排给地方，增加地方财政可使用资金，可有效缓解地方在灾后恢复重建和提升防灾减灾救灾能力方面的财政支出压力，满足抗灾减灾等项目建设需求，支持灾后重建；同时，资金使用方向也兼顾长期能力建设，为未来经济社会健康稳定发展奠定基础。二是促进投资，带动消费。国债由中央财政发行，有国家信誉作担保，信用高，更具稳健性。增发的 1 万亿元国债不仅能够满足广大投资者的稳健性投资需求，也能提高融资需求，助力基建投资增长。同时，发行特别国债支持抗灾减灾等基础设施建设也有利于带动就业，增加居民收入，增强消费信心。三是增发国债超出市场预期，释放了政府稳定经济增长的信号，有助于改善市场预期，稳定市场主体信心，加速经济复苏。

3. 案例带来的启示

2023 年发行 1 万亿特别国债以及对当年中央预算进行调整的措施，体现了我国政府坚持问题导向，一切从实际出发，根据经济社会发展形势作出财政政策调整的政治智慧。

以我国发行特别国债为例，其发行调整始终坚持问题导向，一切从实际出发，实事求是。我国之前曾三次发行特别国债，第一次是在 1998 年亚洲金融危机期间，为弥补中国各大商业银行资本金不足从而降低银行的不良风险，财政部发行了 2700 亿元长期特别国债。第二次是为缓解流动性偏多问题和通货膨胀压力，我国于 2007 年发行特别国债，共计发行 15500 亿元特别国债，购买约 2000 亿美元外汇，作为中国投资有限责任公司资本金，帮助我国顺利度过 2008 年全球金融危机。第三次抗疫特别国债的发行是在新冠疫情和经济下行压力的严峻形势下，政府为保护人民生命健康、促进经济恢复发展的重要举措。2023 年特别国债增发是在近年来我国各类极端自然灾害多发频发，对我国防灾减灾救灾能力提出了更高要求的背景下提出的。增发国债不仅能够保障民生，同时还能有效利用国债与其他政策工具形成的合力，进一步发挥积极财政政策效能。财政政策的加码来自宏观调控的需要，政策锚定的是问题源，问题自然也就能迎刃而解了。

出现财政困难是常有的事，但政府不能产生债务依赖，更不能过度举债。中央财政发行特别国债，由中央政府还本付息，增加的是中央财政的国债余额，没有突破预算管理中对地方政府的国债余额限额，中央本级的国债风险也处于安全可控之中。本次预算调整中，国债资金全部通过转移支付直达地方，交由地方政府使用，却不由地方政府偿还，体现了中央政府对不加重地方政府债务的担当，也体现出中央政府对防范地方债务风险的高瞻远瞩。坚持问题导向，坚持一切从实际出发，采取实事求是态度解决问题，是党的十八大以来以习近平同志为核心的党中央治国理政的突出特点，也是我们想问题、作决策、办事情的出发点和落脚点。

（段海英　李敬业）

参考文献

[1] 敖阳利. 补短板 强弱项 惠民生 [N]. 中国财经报，2023－10－28
（3）.

[2] 胡绍雨. 中国自然灾害救助财政投入体制研究 [J]. 财会研究，2019（10）：
5－10.

[3] 李蕊. 实施特殊转移支付重在聚焦精准 [J]. 人民论坛，2020（25）：
73－75.

[4] 李亚斌. 财政资金直达机制常态化的运行方式和内在逻辑 [J]. 地方财政
研究，2021（11）：17－23.

[5] 吕冰洋. 国家能力与中国特色转移支付制度创新 [J]. 经济社会体制比
较，2021（6）：29－38.

[6] 马恩涛，任海平，孙晓桐. 源于自然灾害的财政风险研究：一个文献综述
[J]. 财政研究，2023（7）：46－63.

[7] 杨明洪，段海英，邓菊秋. 财政学 [M]. 4 版. 成都：四川大学出版社，
2018.

[8] 中国人民银行广州分行国库课题组. 特别国债的由来以及抗疫特别国债发
行情况分析 [J]. 金融会计，2020（8）：75－80.

专题七
国际财政

案例 7-1 大国担当：我国给予最不发达国家 98% 税目产品零关税待遇

【案例简介】

关税是进出口商品经过一国关境时，由政府设置的海关向引进、出口商征收的税收。关税对于维护国家主权和经济利益、保护本国工农业生产、调节对外贸易和筹集财政收入等非常重要。我国对世界最不发达国家提供了零关税优惠，成为最早给予最不发达国家零关税待遇的发展中国家之一。这些最不发达国家大部分是非洲国家。

自 2001 年起，中国陆续给予 41 个最不发达国家部分商品零关税待遇，给惠商品范围不断扩大。

2007 年，世界各国经受着全球金融危机严峻考验，经济形势复杂。世界贸易组织多哈回合谈判陷入僵局，在发达国家承诺的对最不发达国家 97% 产品实行"免关税、免配额"的义务完全兑现之前，中国率先履行对最不发达国家实施零关税措施的承诺。自 2010 年 7 月 1 日起，中国对已与我国完成换文的埃塞俄比亚等 33 个最不发达国家原产的 4762 个税目输华商品实施零关税，约占全部税目的 60%。至此，中国成为向最不发达国家开放市场程度最大的发展中国家之一。财政部发布的数据显示，2008 年中国吸纳了最不发达国家出口总额的 23%，成为最不发达国家第一大出口市场[①]。

2015 年，中国再次向最不发达国家给予零关税待遇。2015 年 11 月 25 日，财政部网站发布《国务院关税税则委员会关于给予科摩罗联盟等 8 个最不发达国家 97% 税目产品实施零关税的通知》（税委会〔2015〕20 号），从 2015 年

[①] 财政部新闻办公室：《我国给予最不发达国家 4762 个税目商品零关税待遇》，http://www.mof.gov.cn/zhengwuxinxi/caizhengxinwen/201006/t20100623_323975.htm。

12 月 10 日起，对原产于科摩罗联盟、毛里塔尼亚伊斯兰共和国等 8 个最不发达国家的 97％税目产品实施零关税①。

2021 年 11 月 29 日，习近平主席在中非合作论坛第八届部长级会议开幕会上宣布进一步扩大同中国建交的最不发达国家输华零关税待遇的产品范围。2021 年 12 月 13 日，国务院关税税则委员会发布《关于给予最不发达国家98％税目产品零关税待遇的公告》，对原产于最不发达国家 98％的税目产品，适用税率为零的特惠税率②。该文件附件中税率为零的税目共计 8786 个。尽管一些国家部分进口货物适用零关税的税目从 97％只提升了一个百分点，但受其影响的产品品目可不是小数字，足以显示我国对最不发达国家给予了最大力度的政策倾斜。根据海关总署公告，2024 年中国继续给予 43 个与我建交并完成换文手续的最不发达国家零关税待遇，实施特惠税率，适用商品范围和税率维持不变③。

特惠税率政策是中国对外援助的一部分，旨在帮助这些国家扩大在中国的商品贸易规模、赢得市场机遇、提高自身的经济发展水平、摆脱贫困和落后，体现了中国作为负责任大国的担当和情怀。

【案例使用说明】

一、教学目标

（一）知识目标

（1）学习关税的相关内容，包括零税率、免税、最惠国待遇等相关知识，增强学生对于关税的认识与理解。

（2）学习了解国际财政的相关内容，包括国际财政活动、国际财政职能以及国际税收内容。

---

① 国家关税税则委员会：《国务院关税税则委员会关于给予科摩罗联盟等 8 个最不发达国家 97％税目产品实施零关税的通知》，https://www.mof.gov.cn/gp/xxgkml/gss/201511/t20151124_2510673.htm。

② 国务院关税税则委员会：《国务院关税税则委员会关于给予最不发达国家 98％税目产品零关税待遇的公告》，https://www.mof.gov.cn/jrttts/202112/t20211215_3775222.htm。

③ 海关总署关税司：《执行 2024 年关税调整方案等政策有关事宜公告的解读》，http://hangzhou.customs.gov.cn/customs/302249/302270/302272/5603990/index.html。

（二）能力目标

（1）理解人类命运共同体理念，拓宽国际视野。

（2）通过课堂发言等形式，提升学生表达能力、理论联系实际能力等。

（三）思政目标

（1）树立人类命运共同体理念，使学生感受中国的大国担当，增强学生的爱国情怀。

（2）以国家的负责任和有担当形象启发学生做有责任、有担当的新时代青年。

二、启发思考题

（1）结合关税以及国际税收的相关知识，谈谈零关税待遇的含义。

（2）谈谈零关税待遇对最不发达国家有什么影响。

（3）本案例展现了我国怎样的国际形象，对我们个人成长有何启示？

三、教学设计

（一）教师讲解零关税待遇的含义

首先，以本案例吸引学生对于关税以及国际税收的兴趣，教师讲授关税、国际税收的相关知识点；其次，请学生自主思考本案例体现的是哪种关税税率。

（二）探讨零关税待遇对最不发达国家的影响

请学生从对外贸易、国际收支、经济发展、国际地位等角度考虑零关税待遇对于最不发达国家的影响，使学生认识到零关税待遇会对最不发达国家产生的有益影响。

（三）组织学生分享学习心得

在回答启发思考题（2）的基础上理解我国给予最不发达国家98％税目产品零关税待遇，是我国对最不发达国家的帮助，是我国坚持构建人类命运共同体的体现，显示着我国"仁爱"的思想光辉，也展现了我国有责任感、有担当的大国形象。我国对于最不发达国家的帮助，启示学生在个人成长中也要乐于助人，做到有责任、有担当，继承和发扬我国的优秀传统文化。

具体教学设计如表1所示。

表 1　案例 7-1 具体教学设计

学习阶段	学习内容	学生活动	学习目标
课前	布置任务，学生在课前通过国家税务总局网站等了解我国目前的一些关税政策	收集资料，自主学习	激发学生学习兴趣，增强自主学习能力
课中	请学生展示自己收集到的关税政策，教师再补充本案例内容	学生发言展示，教师补充案例	通过自主展示提高学生的表达能力、自信心
	教师讲解国际财政的相关内容	听讲解学习	掌握基本的财政学专业知识
	思考本案例中蕴含的关税知识，分析这一关税优惠政策的作用	学生自主思考，进行发言	通过运用所学知识分析案例，提高理论联系实际能力；通过分析我国对最不发达国家的优惠政策的作用，感受我国负责任大国形象
	教师结合本案例介绍人类命运共同体理念，并挖掘其中蕴含的"仁爱"的传统美德	听介绍，自主思考	理解人类命运共同体理念，传承仁爱思想
课后	线上测试考查关税、国际税收基础知识点	做题回顾知识	增强对专业知识的掌握和理解

四、基本概念与具体分析

（一）基本概念

1. 关税

关税是海关依法对进出境货物、物品征收的一种税。关税的税率分为进口关税税率以及出口关税税率，其中进口货物的税率形式包括最惠国税率、协定税率、特惠税率、普通税率、暂定税率以及配额税率。特惠税率适用原产于与我国签有特殊关税优惠条款的贸易协定的国家或地区的进口货物。对与我国建交并完成换文手续的最不发达国家实施特惠税率，是我国对于享受特惠税率的国家给予的特殊照顾。

2. 国际财政

国际财政是国际关系中各国财政行为的相互交往。国际财政活动包括国与国之间签订国际税收协定、税收征管的合作、财政政策的国际协调、全球共同事务的国际联合应对、国际财政援助等，还包括国家与国际组织之间的财政关系，几乎覆盖全部财政活动。一国卷入全球化程度越深，国际财政活动就越重要。国际财政的职能包括国际资源配置职能、国际收入分配、国际经济稳定与发展。

在国际财政中，国际税收是最常见也是最活跃的活动。国际税收是国与国之间在经济交往中因行使各自国家的税收管辖权而发生的税收分配关系，涉及的内容主要包括：如何消除或缓解国际双重征税，如何协调国家之间的税收关系和消除对外国纳税人的税收歧视，如何鼓励国际投资，如何防止国际逃税与避税，国际税收协定等。

（二）具体分析

1. 零关税待遇的内涵

零关税，是指进出口商品在经过一国关境时，由政府设置的海关不向进出口国征收关税。本案例中的零关税待遇就是特惠税率的一种，对原产于最不发达国家98%的税目产品适用税率为零。

对最不发达国家零关税政策是中国给予最不发达国家的一种单方面、自愿的给惠政策，充分体现了中国促进最不发达国家扩大对华出口和发展经济的诚意。该政策符合世界贸易组织"授权条款"（1979 年）的规定，即世界贸易组织的任何成员向最不发达国家提供的优惠待遇均可不必在最惠国待遇基础上对其他成员提供同样的待遇。目前有 43 个与中国建交并完成换文手续的最不发达国家享受了零关税待遇。不过，该政策仅适用于最不发达国家。如果中方将此项政策给予最不发达国家以外的其他国家，中国将必须给予其他所有世界贸易组织成员方此种优惠，这是中国目前经济实力和市场所无法承受的。

2. 零关税待遇对最不发达国家的影响

（1）降低中国市场进入门槛，改善贸易条件。零关税降低了最不发达国家的生产和商贸企业进入中国市场的门槛，激励更多企业进入国际市场，促进出口多样化。

（2）降低最不发达国家出口货物的出口成本，提高商品的竞争力。通过降低出口成本，促进最不发达地区经济和贸易发展，增加商品出口，进而带动其经济增长。2023 年，中非贸易额达到 2821 亿美元的历史峰值。中国已连续 15 年保持非洲第一大贸易伙伴地位，零关税政策是推动中非高贸易额的重要原因。

（3）提高最不发达国家国际地位。零关税政策有利于促进最不发达国家的对外贸易，使其共享市场机遇，增加产品的国际影响力，提高国际地位。

3. 案例深度解读

案例展示了中国宽厚仁义的国际形象和推动构建人类命运共同体的大国担当，对学生的为人处世带来了深刻启示。

（1）展现了中国有担当、负责任的大国形象。虽然中国是发展中国家，但其承担的促进世界经济均衡协调发展的责任心并不比发达国家弱。通过提供零关税待遇等措施，帮助其他发展中国家尤其是最不发达国家扩大出口，努力缩小南北差距，坚定支持和帮助广大发展中国家加快发展，是中国积极承担国际社会责任和义务的表现。

（2）本案例体现了中国的人类命运共同体理念。追求和平、发展、合作、共赢是构建人类命运共同体的使命，零关税待遇有利于进一步践行互利共赢的策略，是建设人类命运共同体的重要措施。本案例体现了中国始终坚持经济全球化正确方向，与世界各国共同营造有利于发展的国际环境。

（3）展现中国仁爱的大国形象。中国自古崇尚公义、兼济天下。中国传统文化中就蕴含着尚和合、求大同的"仁爱"思想，仁者爱人，互爱为先。仁者爱人，是指人与人之间互以对方为重，以互爱对方为前提，以仁爱之心多理解、多宽容、多包容。在本案例中，非洲国家的经济发展水平较低，中国给予其零关税待遇体现了中国给予非洲最不发达国家力所能及的帮助，与其团结合作，实现共同发展。

对于学生个人来讲，首先要认识到中国的传统文化中有很多优秀的思想，该税收优惠政策很大程度上受中国传统文化"天下观"的影响，具有中国智慧。因此我们要坚定文化自信，善于从优秀传统文化中汲取营养。其次，我国在帮助最不发达国家中所体现的有仁爱、有责任、有担当的大国形象也启示我们在个人成长中要对弱势群体、对于陷入困境的人伸出援助之手，给予力所能及的帮助。我们在做事做人上也要负起肩上的责任，不逃避，做有责任、有担当的新时代青年。

（李敬业）

参考文献

[1] 董婉璐，杨军，张海森. 中国对非洲国家减让进口关税的经济影响分析——基于全球均衡模型视角的分析［J］. 国际贸易问题，2014（8）：68-78.

[2] 潘一坡. 道德共识与人类命运共同体的伦理建构［J］. 中南民族大学学报（人文社会科学版），2023，43（4）：11-18+181.

［3］孙志娜. 非互惠的零关税待遇是否促进了受惠国的出口多样化——基于中美对非洲贸易政策的比较研究［J］. 财贸经济，2020，41（1）：80－95.

［4］孙志娜. 零关税待遇和海外援助对促进受援国出口多样化的有效性比较——基于中非数据的研究［J］. 国际商务研究，2022，43（3）：40－52.

［5］孙志娜. 中非合作论坛框架下中国对非洲实施零关税产生的贸易效应——基于进口二元边际视角评估［J］. 国际商务（对外经济贸易大学学报），2019（2）：37－49.

［6］汤德森，杨邦，张晨. 习近平人类命运共同体理念的丰富内涵与时代价值［J］. 社会主义研究，2023（2）：71－78.

［7］王文. 人类命运共同体理念十年演进及未来展望［J］. 中央社会主义学院学报，2023（2）：150－160.

案例7－2　共谋发展，同向未来："一带一路"税收征管合作机制带来的双向奔赴

【案例简介】

2018年5月14日至16日，由哈萨克斯坦国家收入委员会、中国国家税务总局、经济合作与贸易组织有关机构共同主办的"一带一路"税收合作会议在哈萨克斯坦首都阿斯塔纳召开，发布了《阿斯塔纳"一带一路"税收合作倡议》。这是首次以"一带一路"税收合作为主题举办的国际税收会议，开启了"一带一路"税收合作新篇章。

2019年4月，为贯彻落实习近平主席关于共建"一带一路"和深化国际税收合作等重要指示精神，在中国国家税务总局倡议下，致力于提升共建"一带一路"国家税收领域协调性、互惠性，共建增长友好型税收环境的"一带一路"税收征管合作机制（以下简称合作机制）正式成立，王军担任理事会第一任主席。

合作机制始终秉持开放包容精神，通过开展多形式、多层次、多议题的活动，为共建"一带一路"沿线国家税务部门交流提供线下线上平台，在历次"一带一路"税收征管合作机制高级别视频会议和税收征管合作论坛上发布多项合作成果。2023年第四届"一带一路"税收征管合作论坛就税收法治和征管透明度、减轻税费负担、简化税收遵从、构建争议解决机制等展开讨论，达成并发布《"一带一路"税收征管合作机制年度报告（2023）》等六项成果，持续推动增长友好型税收环境的构建。

合作机制有效推动了各方共同提高税收征管能力建设水平，在支持多边对话、平等对话、助力优化国际税收环境方面产生了积极影响，为消除跨境贸易和投资障碍、促进区域协调发展和经济全球化包容性增长贡献了税务力量。合

作机制自成立以来，其下专门负责开展培训、研究和技术援助等能力建设的"一带一路"税收征管能力促进联盟（以下简称联盟）累计开展线上线下培训活动 50 余期，培训对象覆盖 100 多个国家和地区，涉及超过 3000 名税务官员。截至 2023 年，"一带一路"税收征管合作机制理事会成员增加至 36 个，观察员增加至 30 个，联盟成员 20 个，合作方 14 个，覆盖亚洲、非洲、欧洲、大洋洲、南美洲等①。

2022 年 5 月，全球国际税收界最具影响力的杂志《国际税收评论》（*International Tax Review*）通过其官方网站发布了"2021—2022 年度全球税收前 50"名单，中国国家税务总局发起成立的"一带一路"税收征管合作机制、中国国家税务总局局长王军入选②。该杂志从 2011 年开始评选全球税收领域年度影响力最大的人物、事件和组织等，评选结果受到国际税收界广泛关注。该杂志在其官方网站上撰文对"一带一路"税收征管合作机制建设成果、中国税务部门工作成效给予了积极评价。中国国家税务总局充分利用大数据、云计算和人工智能等现代信息技术推动税收征管数字化转型的中国经验，得到了国际税收界的认可。

2023 年，"一带一路"税收征管能力促进联盟发布了联盟课程体系 1.0 版。联盟课程体系 1.0 版从主题设置、层级递进以及时间安排等各方面精心打磨，设立"税收制度""税收征管及数字化""税收营商环境及纳税服务""税收合作"4 个主题，邀请全球近百名税务专家和税务官员参与课程录制，已成功上线 63 门课程和分批启动 30 期线上培训，进一步推动"一带一路"国家税收征管能力提升。"税收制度"主题旨在帮助学员了解各税种的基本原理和各国的具体实践，学习国际税收业务知识及最新研究进展、国际税收规则和最新趋势；"税收征管及数字化"主题旨在帮助学员从体制机制层面把握税收征管规律，强化数字驱动思维，提升税收治理效能；"税收营商环境及纳税服务"主题旨在帮助学员吸收先进理念与创新经验，提升纳税服务水平；"税收合作"主题旨在帮助学员提高税收争议解决能力，提升税收协同治理水平③。课程体系的推广应用有利于发挥合作机制多边作用，有利于深化国际税收交流合作，

---

① 陈永康：《锚定发展高质量　求实奋进显担当》，《中国税务报》，2024 年 1 月 24 日第 1 版。
② 包兴安：《"一带一路"税收征管合作机制、王军入选〈国际税收评论〉"2021—2022 年度全球税收前 50"名单》，http://www.zqrb.cn/finance/hongguanjingji/2022-05-05/A1651721861549.html。
③ 国家税务总局国际税务司：《共谋发展　同向未来——"一带一路"税收征管能力促进联盟正式发布课程体系 1.0 版》，https://www.chinatax.gov.cn/chinatax/n810219/n810744/n1671176/n3465625/c5185812/content.html?eqid=aaad395000010b0000000003642662aa。

有效提升了发展中国家和低收入国家的税收征管能力，得到了各国学员一致称赞。

【案例使用说明】

一、教学目标

（一）知识目标

（1）学习税收征管相关概念。

（2）了解我国和其他国家的税收征管差异。

（3）理解"一带一路"税收征管合作机制对"一带一路"建设的重要意义。

（二）能力目标

（1）培养学生理论联系实际的能力。

通过理论学习与案例分析，引导学生将税收征管与"一带一路"建设等现实问题结合，提高学生的学习能力和理解能力。

（2）拓宽学生的国际视野。

不仅要求学生了解我国的税收征管情况，更要求学生以开放、包容的视角看各国的税收征管体系，以及贸易中各国在税收征管问题上的沟通与合作，拓宽学生的国际视野。

（三）思政目标

通过了解"一带一路"中的税收征管合作机制，学生认识到我国在构建人类命运共同体问题上的大国担当，通过成立"一带一路"税收征管合作机制，提升"一带一路"参与国的税收治理能力，推动完善全球税收治理体系，实现共享共赢发展，造福各国人民。

二、启发思考题

（1）"一带一路"税收征管合作机制体现了什么发展理念？

（2）请结合本案例以及查阅相关资料，思考"一带一路"税收征管合作机制为什么会吸引发展中国家和部分发达国家积极参与。

（3）"一带一路"税收征管合作机制对我国和世界经济有哪些影响？

三、教学设计

（一）分析"一带一路"税收征管合作机制中的发展理念

（1）教学形式：课堂注重打造互动教学模式，做到"寓教于乐"。教师可以给学生播放"一带一路"建设宣传片，借助视频播放的教学形式营造轻松活跃的教学氛围，帮助学生对"一带一路"有更深刻和直观的认识。

（2）启发式教学：在课堂上对学生进行启发式提问、引导提问，引导学生思考我国构建"一带一路"税收征管合作机制背后的原因及影响。

（3）教师讲解：解释说明我国成立"一带一路"税收征管合作机制背后的原因，基于中国特色社会主义经济发展理念进行案例细节解读。

（二）分析"一带一路"税收征管合作机制对其他国家的吸引力

（1）教学形式：线上线下相结合。引导学生关注国家税务总局官网上"一带一路"税收征管合作机制专题，鼓励学生充分利用网络资源对案例进行深度挖掘。该网站上的此专题公布了大多数"一带一路"税收征管合作机制举办的活动，学生可以关注国家税务官网上的最新资讯，通过查阅相关资料，对自己感兴趣的内容进行自主学习。

（2）小组汇报：将学生分为不同的小组，请学生就之前线上查阅的资料进行汇报分享，在此过程中，教师可以根据学生的表现打分并评价。

（3）教师讲解：解释说明"一带一路"税收征管合作机制的作用，如该体制能够打破跨国贸易与投资壁垒、促进区域更加协调发展以及推动经济全球化等。

（三）探讨"一带一路"税收征管合作机制的影响

（1）教学形式：互动式教学。与学生积极互动，鼓励学生提问并引导学生对重难点问题展开讨论。

（2）课堂讨论：让学生就"一带一路"税收征管合作机制对于我国的重要意义展开讨论，各抒己见，培养学生的思辨能力。

（3）教师讲解：解释说明"一带一路"税收征管合作机制对于我国的重要意义。

四、理论依据与具体分析

（一）理论依据

1. 国际税收协定

国际税收协定是指两个或两个以上主权国家为协调跨国纳税人的税务问题，在对等原则下通过相互谈判的方式，签订的约定双方或多方在国际税收关系中的利益分配方式的具有法律效力的协议或者条约。国际税收协定是处理各国之间各种税收问题的有效工具，是解决各国之间多种税收矛盾与冲突的主要依据。目前国际上影响力最大的两个国际税收协定范本为：经济合作与发展组织的《关于避免对所得和财产双重征税的协定范本》（OECD 协定范本）以及联合国的《关于发达国家与发展中国家间避免双重征税的协定范本》（UN 协定范本）。这两个范本成为各国缔结税收协定的参考模板，缔约国在签署具体的税收协定条款时需遵循以上两个协定范本的一些基本原则与要求。除此之外，在国际上比较有影响力的是《美国所得税协定范本（2016 版）》，这是美国与其他国家进行双边税收协定谈判的基础。与 2006 年版相比，该版本新增了一些规定，以避免在消除双重征税的同时创造出双重不征税或避税的机会，以及新增了避免一些减少税收倒置的相关措施。

签署国际税收协定是"一带一路"倡议下协调税收关系的普遍做法，当前我国与"一带一路"沿线国家签署的税收协定以双边税收协定为主。双边税收协定严格意义上是国际法的一部分，协定首先由缔约国政府商定，再通过每个国家的立法程序生效，因此对缔约国的政府具有法律约束力。通常情况下，在本国税法与税收协定之间存在冲突时，税收协定具有优先适用权。

2. 博弈论

博弈论是对一个主体的支付不但取决于自己的行动还取决于别人的行动这种情形的研究。博弈论可以用来分析经济社会的各种问题。

随着全球经济一体化进程的加快，独立国家需要在融入深度全球化与保持自身税收主权、维护自身税收利益之间进行平衡取舍。各经济体的经济往来越来越密集，一个国家的税收制度会对另一个国家的税收制度产生外溢效应，同时也会受到其他国家税制以及以多边公约为依托的具有强制约束力的"规则机制"的束缚。同时，跨国投资者的经济活动越来越频繁，某些跨国企业的逃税行为会对一国的税基造成严重的损害，进行国与国间税收征管协作十分必要。各国在不同的情况下（征管合作与不合作），会以维护自己税收权益为目的进行决策，不可避免面临不同博弈策略的选择。基于共赢原则达成合作的"一带一路"税收征管合作机制，尊重各国彼此合理的税收权益，分享跨国纳税人涉税信息，能够提高税收确定性，加快税收争议解决，增强"一带一路"沿线国家维护多边主义全球税收治理的话语权，推动构建有利于要素自由流动和公平有序竞争的国际税收营商环境。加入合作机制能够带来协同共赢的结果，是合作机制受到"一带一路"沿线国家欢迎的主要原因。

（二）具体分析

1. 税收征管合作机制体现的发展理念

当今世界处在百年未有之大变局之时代，构建人类命运共同体已从中国倡议扩大为国际共识。其思想核心在于把每个民族、每个国家的前途命运紧密联系在一起，建设一个持久和平、普遍安全、共同繁荣、开放包容、清洁美丽的世界。在建设"一带一路"背景下，税收征管合作机制遵循了"人类命运共同体"的理念。该合作机制以"一带一路"为依托，深化和完善国际税收管理体系，能够更好地服务于全世界的经济发展，并真正形成互利共赢的新局面。

从建立合作机制官方网站，到开设《"一带一路"税收（英文）》期刊，再到建设"一带一路"税务学院、建立一系列培训课程体系，合作机制为合作方提供了一系列公共服务。由我国税务部门发起成立"一带一路"税收征管能力促进联盟，专门负责开展税收培训、研究和技术援助等能力建设，给广大的发展中国家提高税务治理能力提供了实实在在的帮助，促进了"一带一路"沿线国家的经济发展。

"一带一路"税收征收管理合作机制，带来了国际税收合作的制度创新，提高了我国对外开放的质量，让广大发展中国家参与到国际税收协作的共商共建共享。毫无疑问，合作机制是我国积极推进并建立国际税收管理新秩序，促进全球经济共赢的一项重大税收举措，体现了具有中国特色的创新发展、开放发展和共享发展。

2. "一带一路"税收征管合作吸引其他国家加入的原因

税收在"一带一路"发展过程中已经成为各国加强贸易往来的重要考量之一，其影响力日益凸显。秉持着"共商、共建、共享"的原则建立的税收征管合作机制，既是推动各国贸易便利化的制度保证，也深刻影响着"一带一路"沿线国家的税收经济环境。"一带一路"税收征管合作机制能促进国际税收合作，增强政府间协同治税，提高税收信息透明度，促进税收遵从，提升纳税服务质量，共享优质资源，其一出现就被寄予了厚望，吸引了多个发展中国家以及部分发达国家的积极加入。

合作机制以务实的税收合作为纽带，与各国共享税收管理的经验，促进"以增长为本"的税收营商环境建设。尤其是在更公平、更合理的层面上，对国际税收制度进行了创新，维护了大多数发展中国家应有的合理税收利益，顺应了经济全球化的发展趋势，对国际税收新秩序的重塑具有积极且深远的意义。

在此基础上，进一步深化和完善"一带一路"沿线国家的税收征管合作，将进一步推动"一带一路"沿线国家的税收制度现代化建设。越来越多的国家，尤其是很多发展中国家深度参与并融入世界经济中去，借此不断提升自己在国际上的地位和话语权，增强自己的国际影响力，实现共同繁荣。

3. "一带一路"税收征管合作机制带来的影响

"一带一路"税收征管合作机制，在加速国际税收管理体系建设、国际税收秩序的重塑、税收环境的优化、国际税收治理的深化与完善、推动全球经济实现共赢发展等方面，具有非常重要的现实意义。

（1）在实践中树立税收示范。

构建人类命运共同体是实现全世界人民共同发展的重要思想指导，依托"一带一路"所建立的税收征管合作机制则是践行人类命运共同体理念的"税收方案"。合作机制为"一带一路"沿线国家提供了一个通过税务合作促进相互了解、相互信任、共同发展的平台，树立了多边合作税收征管示范，也将人类命运共同体理念融入国际税收管理体系中，是国际税收今后发展的一个重要趋势。实践证明，"一带一路"税收征管合作机制是构建国际税收新秩序、人类命运共同体的着力点，在发挥多边税收平台、提升各国税收征管能力、建设推进税收信息化建设以及构建长效税收合作机制等方面发挥了积极作用。

（2）在实践中深化国际税收治理。

积极参与全球税收治理建设和改革，既是各国的现实所需，也是世界经济发展的必然趋势。在新的世界经济格局中，我国一如既往地站在发展中国家的角度，代表发展中国家的利益，推动建立创新、包容、充满活力的世界经济体制，不断推动多边税收合作的深化和完善。在"一带一路"的建设上，我国坚持在开放中秉承共赢的互利原则，通过进一步推动和完善税收征管合作机制，把满足共同税收利益相关的理念与国际税收管理体系有机结合，不仅有助于提高发展中国家在税收征管方面的治理能力，还将为国际税务管理和合作拓展更广阔的实践空间。

（3）在实践中助力国际税收秩序重塑。

合作机制是对现有国际税收规则的有益补充。第二次世界大战后以西方为主导的国际税收秩序，已无法适应现代国际社会中的权力结构变化和税务管理所面对的新形势。以 OECD 为代表的发达国家所制定的国际税收规则以及他们主导的国际税收合作实践，大多数反映的都是发达国家的优先利益。而广大发展中国家，虽然对世界经济增长做出了极大贡献，却因为在国际税收体系中缺乏话语权，其合理的税收利益也难以得到维护。在这一背景下，我国基于"一带一路"建设的税收征管合作机制，回应的是发展中国家在国际税收治理体系中的合理诉求，为破解全球化困局提供了中国方案。合作机制以"共商、共建、共享"为原则，通过分享成功经验和最佳实践，协调解决税收争议，有利于加强税收政策沟通与征管协作，帮助发展中国家更好地融入国际税收合作中去，助力重塑国际税收秩序。

（4）为实践中促进"一带一路"国家经贸畅通。

习近平主席在博鳌亚洲论坛 2015 年年会中强调："'一带一路'建设秉持的是共商、共建、共享原则，不是封闭的，而是开放包容的；不是中国一家的独奏，而是沿线国家的合唱。"① 在推进"一带一路"的建设进程中，各国应携手合作，充分利用自身优势，开创世界经济长期稳定发展的新局面。中国作为大国理应承担起责任，勇于担当。合作机制扩大了"一带一路"经贸交往的共同利益，有利于寻求维护国家税收权益和保护投资者利益的最佳结合点，通过税收上的平等磋商促进经贸交往中的公平竞争，有利于提高税收透明度和确定性，增进"一带一路"经贸交往中的投资者信心，促进跨境贸易和投资合法合规经营。税收征管合作机制的完善，将促进"一带一路"国家建设现代化税制，促进国家之间经济贸易往来时产生的涉税问题争议的解决，有效应对新时代下可能出现的各类税收挑战，不断优化改善跨国营商环境，让国家之间的经贸往来畅通无阻，做到共同发展与进步。

（彭　连）

参考文献

[1] 刘磊，张云华，崔希. "一带一路"共建背景下国际税收治理体系建设研究 [J]. 国际税收，2022（12）：26—32.

[2] 梁若莲. 依托"一带一路"税收征管合作机制提升我国税收话语权 [J].

---

① 中共中央文献研究室：《习近平关于社会主义经济建设论述摘编》，中央文献出版社，2017年，第261页。

国际税收，2023（10）：35—43.

[3] 马蔡琛，龙伊云. "一带一路"税收治理：回顾与展望 [J]. 国际税收，2023（10）：27—34.

[4] 蒙玉英. 开启国际税收新征程　服务高水平对外开放 [J]. 国际税收，2023（3）：3—9.

[5] 孙红梅，刘峰，王新曼，等. 税收服务"一带一路"高质量发展研究综述 [J]. 国际税收，2023（12）：35—43.

[6] 王伟域. "一带一路"税收征管合作机制：特点、理论依据及世界意义 [J]. 国际税收，2020（6）：8—12.

[7] 王军. 加强"一带一路"税收合作　构建增长友好型税收环境 [J]. 国际税收，2019（4）：5—7.

[8] 习近平. 建设开放包容、互联互通、共同发展的世界——在第三届"一带一路"国际合作高峰论坛开幕式上的主旨演讲 [M]. 北京：人民出版社，2023.

[9] 徐铖. 完善"一带一路"税收征管合作机制研究 [J]. 审计观察，2022（11）：86—91.

[10] 余丽. 基于国际税收理论的"一带一路"税收征管机制研究 [J]. 国际商务财会，2021（4）：31—37.